管好岗位用对人

一本属于管理者的职业词典

郭晓英　编著

北京理工大学出版社
BEIJING INSTITUTE OF TECHNOLOGY PRESS

图书在版编目（CIP）数据

管好岗位用对人／郭晓英编著. —北京：北京理工大学出版社，2017. 3

ISBN 978-7-5682-2812-1

Ⅰ. ①管…　Ⅱ. ①郭…　Ⅲ. ①企业管理-通俗读物　Ⅳ. ①F272-49

中国版本图书馆 CIP 数据核字（2016）第 190862 号

出版发行／北京理工大学出版社有限责任公司
社　　址／北京市海淀区中关村南大街 5 号
邮　　编／100081
电　　话／（010）68914775（总编室）
　　　　　82562903（教材售后服务热线）
　　　　　68948351（其他图书服务热线）
网　　址／http：//www. bitpress. com. cn
经　　销／全国各地新华书店
印　　刷／北京中印联印务有限公司
开　　本／710 毫米×1000 毫米　1/16
印　　张／14. 5
字　　数／170 千字
版　　次／2017 年 3 月第 1 版　2017 年 3 月第 1 次印刷
定　　价／32. 80 元

责任编辑／申玉琴
文案编辑／申玉琴
责任校对／周瑞红
责任印制／边心超

前言
PREFACE

当你带出一个成功的小团队，别人会说："你会哄人，所以员工听你的话。"当你当上部门主管，并成功带领部门完成各项任务，别人会说："你很谦和，所以下属愿意听你的话。"当你成为一个成熟的企业管理者时，别人的评价是："你会管理，所以公司才有了今天的发展。"

那么，这里说的"管理"是什么呢？管理是指一定组织中的管理者，通过实施计划、组织、人员配备、指导与领导、控制等职能来协调他人的活动，使别人同自己一起实现既定目标的活动过程。——这个来自教材的关于"管理"的定义也许是最全面的，但却是一句地地道道的"正确的废话"，除考试时有用，不知道也罢。

人们对"管理"这个名词已经很熟悉了，但到底"管理"是什么呢？却是仁者见仁，智者见智。我们知道，水过无痕，但能滋润大地。一个真正懂得管理的领导者，是让人看不出你运用了管理知识和方法，看似行云流水、天马行空，但分析一下，每一个制度、流程、方案、决策等，都是有规律可循的。看似无形却有形！

那么，如何将管理工作做到无招胜有招，并能受惠于人呢？荀子说：

“不闻不若闻之，闻之不若见之，见之不若知之，知之不若行之。”这句话的核心是，任何事情要达到预期的目标，首当其冲的是行动、是实践。正如德鲁克所说：“管理是实践而不是实施，管理不是了解而是行为。”因此，本书编写的宗旨就是给那些站在关键阶梯面前却仍然感觉前途迷茫的管理者一个清晰的行动方向和准则。

在这里讲一个小故事：在德国的一家动物园，有位年轻饲养员非常爱干净、整洁，对待动物也富有爱心，每天都把小动物住的小屋子打扫得一尘不染。结果呢，那些小动物并不领他的情，在整洁舒服的空间里，动物们开始慢慢精神不振了，有的厌食消瘦，有的生病拒食，有的甚至死了。原因是什么？后来，通过观察才发现，这些小动物都有自己的生活习性，有的喜欢闻混浊的骚气，有的看到自己的粪便反而感到安全，等等。这个故事说明了一个道理，有效的管理必须看到组织内部个体的需求，包容个体之间的差异性，并在此基础上灵活处理、多元管理。假如像故事中的饲养员那样，无视个体的差异，一味追求看似完美的统一，这样的组织最终一定会因抹杀了成员的个性而导致组织的解体或僵死。

由此可见，企业管理要坚持以人为本。但是在一个企业里，就其组织性质而言，管理者是要兼顾两种属性的。一方面是公司的经济属性——“唯利是图”；另一方面是社会属性，企业内部员工是由性格、需求、地位、生活经历和习惯都不相同的、活生生的“人”组成的，这样一个团队，势必是一个复杂的组织环境。可以想象，在这个环境里，祈求一个称心如意的状态，达到一个理想的完美境界，几乎是异想天开。

本书因势利导，不会重复教科书的内容，因为那样太枯燥。本书在传递管理方式、方法时，引入了大量的实际案例，通过案例教会大家如何做管理；通过不同的模块，将每项管理工作进行细致的划分——领导力、岗位管理、人岗匹配、选人、识人、用人、留人、团队建设等。本书着力于如何建立有效的管理模式，如何进行管理分析及如何采取应对措施。

本书是一本管理者的参考书。书中如果有与传统知识相悖之处，请大家各自斟酌，各自取舍。

目录

CONTENTS

第一章
奠定你的领导基础——领导力

【形象】最直观的领导力

现如今，不论领导者是管理一个小型的本地公司还是领导大型的跨国企业，其个人形象都会影响到企业的形象，而企业的形象又会影响到公司的文化乃至客户对领导者的认知。作为企业的领导者和决策者，相比其他人，他有责任、有义务建立和维护公司形象，并要为员工树立榜样。因此，作为现代企业的领导者，个人的形象和魅力将对他的下属和企业产生深远的影响。

俗话说："人不可貌相，海水不可斗量。"春秋末期，齐国的上大夫晏子，能言善辩，机智勇敢，但身材矮小，其貌不扬。晏子奉命出使楚国，楚王想借机羞辱他和齐国。但晏子凭借着机敏的反应能力，维护了国家和个人的尊严。楚王经此次智力对决，总结到：不能同才德极高的人开玩笑的，否则会自取其辱。晏子在齐国辅政长达40余年，卓越的政治、外交才华给齐国带来很长一段时间的安定局面。《史记》的作者司马迁非常推崇晏子，对他的才能钦佩不已，声称如果自己与晏子同处一个时代，那么，甘愿为他驾车。

由此可见，一个人的形象，不仅仅是人的形体、容貌，还有人的内在观念、修养、品格、智慧等。也就是说人的形象，包括外在形象和内在形象。

作为企业领导者，个人外在形象是名片，而内在形象则是推动事业发展的根本。企业领导者要带领企业发展，要对自身形象有一个准确的定位，包括外在形象和内在形象。只有二者有机结合，领导者在与他人接触，在制定公司发展战略时，才会无形中影响到别人。

美国苹果公司联合创始人史蒂夫·乔布斯，凭借敏锐的触觉和过人的智慧，使电脑和电子产品不断推陈出新，实现了产品的简约化和平民化，让曾经昂贵的电子产品变为普通人生活的一部分。他出色的表现以及对社会的贡献，给苹果公司印上了非常鲜明的个人痕迹。由于他本人的影响力与公司名誉之间的纽带实在太过紧密，对乔布斯个人的好感让客户相信，有乔布斯管理的苹果公司，产品创新和产品品质是值得信任的。正因为他的社会影响力与苹果公司的名誉高度重合，当他去世时，公司的股东价值和企业文化一度陷入信任危机，遭到一定程度的质疑。

乔布斯的成功有一部分源于他个人的社会影响力。要成为一个杰出的企业领导者，就要通过对自身的管理，塑造一个具有明显个人特色的社会形象，并能够与他人生活中最真实的诉求产生深层次联系，将其转化为现实。人人都有一种“爱屋及乌”的心理偏好，当公众和员工认可了企业领导者的个体形象，也会进一步认可整个企业的形象。同时，管理者能否树立自己的权威，也取决于管理者能否被被管理者认可或接受，即管理者个体在被管理者心目中的形象如何。

领导者的个体形象与企业形象是一种相互依存、相互促进的关系。一方面，领导者的个体形象有助于提升企业形象，另一方面，也要注意领导者个体形象是以整个企业形象为土壤的，离开了企业形象的个人形象，就好比离了枝叶的花，纵有夺目的绚烂，也是转瞬即逝，没有长久的生命力。那么，企业领导者在个人形象的提升方面该做哪些工作呢?

首先，领导者个人形象最直接的表现就是仪表和言谈举止。西方有句谚语："魔鬼就在细节之中。"对于一个领导者来讲，行为举止的点点滴滴，不仅是其精神风貌的重要体现，也是与他人沟通交流的重要手段。因此，切莫以为"举手投足"是不足挂齿的，在社会交往中，这些细节往往反映出一个人的品位、素养、格调和德性，千万不可等闲视之。

其次，企业领导者的内在形象。领导者个人的内在形象主要指领导者的素质。领导者个人应当具备哪些基本素质呢?我国古代著名军事家孙武在《孙子兵法·始计篇》中将其归纳为五个方面："将者，智、信、仁、勇、严也。"

"智"，是指领导者要有丰富渊博的知识结构、超常的专业才能和综合知识，即胸怀韬略。

"信"，是指领导者要讲信用，言必行、行必果，即以良好的信誉取信于公众。

"仁"，是指领导者要从工作、生活上关心下属，体恤民情，与人为善，将士同心；具有"虚怀若谷""海纳百川"的气概。

"勇"，是指要有胆量，有魄力，勇敢果断，具有创新精神。

"严"，指的是要纪律严明，奖惩分明，不徇私情。

毋庸置疑，领导形象，就是领导者外在形体容貌与内在精神风貌的统一。有人说，当今时代不是一个崇尚美丽的时代，也不是一个崇尚时髦的时代，而是一个崇尚个性化的时代。领导者的形象同样要遵循个性化的原则，这样才能给公众留下深刻长久的印象。可以说具有个性化的领导者才最具有生命力。同时，个性化是领导者形象的基本原则，但这种个性化是以统一化为前提的。一个领导者的形象再有个性，一旦与整个企业形象相背离，其个体形象不但会失去生存的土壤，而且将有损整个企业形象。个性化的个体形象只有与整个企业形象保持步调一致，才能起到锦上添花的效果。

【度量】量小非君子，德高乃丈夫

“量小非君子，德高乃丈夫。”这句话的意思是：气量狭小就不是德行高尚的人，德行高尚才是有作为的男子汉。管理者如果度量大，他的人格魅力就会很强大，往往能够成就一番事业。

马总是一家塑料制品企业的销售总监。他从事销售工作二十余年，从一名普通的销售业务员慢慢做到了今天的总监职位。有人问：“马总您能当上总监，靠的是什么?”马总自己认为，除了多年积累的工作经验之外，大度量是一个重要因素。

马总的大度体现在很多方面。比如马总不喜欢斤斤计较，很多时候都会自己吃点小亏，让员工占些便宜。马总能容人、容才、容事。他能够容纳各类人才，听取不同的意见，也能容忍别人比自己强。正因为如此，马总能够将性格各异的人才聚集在一起，给予他们施展才华和抱负的舞台，把公司的销售工作做得越来越好。

马总的大度，让他人格魅力非凡，领导力十足。员工们都愿意与他共事，最终他们一起取得了成功。那么怎样才能让自己的肚量变大，铸就非凡的领导力呢？

首先，我们应该学会接受。接受差异，求同存异。

我们在工作中，常常会遇到与自己持不同意见的人，大家各有道理，谁也说服不了谁。如果我们纠结于差异，耿耿于怀，那么很多工作都将无法开展。这时候，我们就要努力寻找共同点，在求同存异的基础上，将事情推进下去。尝试着运用这一方法，慢慢的，我们会发现，无论再怎么天差地别的见解，最终也有殊途同归的时候，而与此同时，我们的度量也在慢慢变大。

其次，大肚量还意味着包容，要学会包容人，包容事。

华尔街的大富豪P·摩根是一位肚量非凡的人，他的突出特点就是敢于起用强过自己的人。

比摩根小10岁的萨缪尔·斯宾塞是个土生土长的南方美国人，十分精明强干。大学毕业后，斯宾塞进入巴尔的摩－俄亥俄铁路。由于他非凡的才能，很快担任了总裁室的特别助理，此后平步青云，不久，被提升为副总裁。恰巧此时，这条铁路由于赤字濒临破产，斯宾塞受命负责让这条铁路起死回生。他卓越的管理才能在这一过程中得到了最充分的发挥。

很快，作为公司财产主要接管人的摩根就发现了斯宾塞在经营与管理方面的过人之处。他觉得斯宾塞在某些方面甚至超过了自己，但他并不担心斯宾塞无法控制，相反他还擢升斯宾塞为总裁。而斯宾塞也没有辜负摩根，顺利地偿还了800万美元的债务，并最终成了摩根的左膀右臂之一。

摩根敢于起用比自己能力强的人，并最终获得了成功，一时传为美谈，并成了美国企业界用人的典范。

珍珠是一种名贵的物品，除了观赏性很强之外，还有很高的药用价值。

珍珠的产生也是来自于包容。

当蚌在海床进食的时候，贝壳张开，偶然就会有水中的沙粒、寄生虫等异物掉进去，这时候，蚌的身体就会分泌出珍珠质，把掉进去的异物层层裹住，使其圆滑，最后变成大家都熟知的珍珠。

包容有时候会让我们难受，但慢慢的我们就有可能获得珍珠般的收获。

最后，我们还要学会拿得起，放得下。过往的种种，只是磨砺我们前进的基石，一时的委屈，不能阻碍我们成长的步伐。

史玉柱是中国最具传奇色彩的企业家之一。

1989 年，史玉柱研究生毕业后，开始创业，他很快获得了第一桶金，并创建了巨人公司。在短短的五六年之内，史玉柱赚取了巨额的财富，被《福布斯》列为大陆富豪第 8 位。

然而在 1997 年，因一连串的决策失误和兴建巨人大厦造成资金链断裂，巨人集团轰然倒塌，欠下 2.5 亿元的巨额债务。史玉柱沦为“全国最穷的人”，演绎了一个企业迅速盛极而衰的经典案例。

然而，史玉柱并没有就此沉沦，而是放下过往，于 1998 年开始重新创业。到 2000 年，史玉柱倾力打造的脑白金产品，创造了年销售 10 亿元的奇迹。他还清了巨额债务，重新崛起。

很多大度量的人都是慢慢修炼，逐步改变自己而获得成功的。只要我们在日常工作中，日积月累，时时处处注意，最终也能成为有度量的君子、德性高的丈夫。

【诚信】诚信乃安身立命之本

自古以来，诚信都被认为是做人必备的品德。古语有云：“人无信不立，业无信不兴，国无信则衰”，意思是人没有诚信，就不能立足；做生意没有诚信，就不会兴隆；国家没有诚信，就不会富强。可见，诚信是为人处事的基础，是人们安身立命之本。对于企业管理者来说，是否诚信，关系到领导力的强弱，也关系到管理工作能否顺利进行。

金立志是一家贸易公司的销售经理。为了完成本部门的销售任务，金立志召集部门员工开会，他承诺如果大家能够圆满完成年度销售任务，他将带领整个团队到东南亚旅游。

出国旅游的诱惑力十足，销售部的员工为了实现这一愿望，都付出了极大的努力。到了年终，销售数据出来了，金立志领导的销售部门超额完成了公司的销售任务。

可是此时，金立志却以出国旅游费用太高，部门没有这方面预算为由，拒绝带员工出国旅游。

消息传开后，销售部门的员工大受打击，工作热情一下子降到了冰点，整个销售部门的工作陷入了瘫痪。不仅如此，大家认为金立志缺乏诚信，跟着他干，没有前途，甚至好几名骨干员工都要辞职。

这时，金立志才慌了神，匆忙向公司申请了经费，履行了带领员工出国旅游的承诺。但由于这次不守信事件的发生，销售部的员工再也不像以前那样信任金立志了，整个销售部的业绩开始持续下滑。

金立志的事件是一个典型的反面案例，说明管理者如果失去了诚信，他将失去一切管理的基础。管理者失去诚信，其主要的危害表现在两个方面：

第一，会降低员工对上级的信心，进而导致员工对管理者的信任度下降，工作热情减退。

第二，会降低员工的工作效率。管理者诚信的缺失，往往会导致员工不知道什么才是正确的工作方向，管理者往往需要反复强调某件事情，员工才能确认这件事情是否应该做，这不可避免地会导致工作效率的下降。

对于企业的管理者来说，诚信体现在以下几个方面：

1. 对待工作的诚信。

每个人出来工作，除了要解决基本的生理、生存需要之外，更多的是要获得精神上的满足，比如他人的认可、社会地位等。而这些，都是以工作为载体来实现的。这就决定了我们在对待工作的时候，要以诚相待。认真工作，不打折扣、切实地把工作做到位。凡是认为可以在工作上面不诚信、马虎过关的人，最终都会反过来被自己所糊弄。

2. 对待上级的诚信。

每个管理者所处的岗位，对于企业来说都很关键。公司领导把管理者放在这个位置上，就是希望管理者能够代替公司领导做好这方面的工作。这时候，诚信就表现为坚决履行岗位职责，圆满完成领导交代的工作，不负领导的期望。

3. 对待下级的诚信。

每个管理者，由于管理层级和管理幅度的不同，有着不同数量的下属，对下属讲诚信，是做好管理工作的基础。对待下级的诚信包括履行承诺、贯彻岗位职责、坚决执行相关的规章制度等。在对待下级时，讲究诚信，还要注意不能自相矛盾。给下属安排工作时，工作指示要明确可行，尽可能避免模棱两可的指令。

4. 对待其他部门平级同事的诚信。

在企业当中，各个部门之间经常会由于某项工作发生交叉，相互之间的配合显得非常重要。如果其他部门的同事拜托你完成某项工作，一旦同意，就需要按时、保证质量完成。这样才能在有需要时，获得必要的帮助，受到大家的信任。

明白了如何讲究诚信，管理者还要在日常工作中，注意自己的一言一行，避免因为自己无意识的随意举动，导致管理者在不自知的情况下，丧失了诚信，即所谓的“谨言慎行”。比如管理者不能随意承诺。有些领导喜欢经常在大庭广众下许诺，而事后又不能兑现，久而久之，这些领导的话就会失去效力。又比如有些领导认为公司的规章制度都是约束员工的，自己无须遵守，结果在批评其他员工不遵守规章制度时，也不具备说服力。凡此种种，都是需要管理者们尽量避免的。

【自省】以身作则，赢得人心

一个人无论有多能干、多成功，都难免会犯错误，难免会养成一些坏习惯。即便是杰出的领导者，他们在职业生涯中也难免偶尔偏离正轨。然而，当局者迷，人们总是对自己的错误浑然不觉。卓越的管理者有一个重要特点：他们不会考虑怎样才能做到永不犯错，而是设法发现自己工作上的偏差，然后尽快重回正轨。要做到这点，最好的方式就是定期反省。

公元前496年，吴王阖闾派兵攻打越国，但被越国击败，阖闾也伤重身亡。两年后阖闾的儿子夫差率兵击败越国，越王勾践被押送到吴国做奴隶，勾践忍辱负重，伺候吴王三年后，夫差才对他消除戒心并把他送回越国。

其实勾践并没有放弃复仇之心，他表面上对吴王服从，但暗中训练精兵，励精图治并等待时机反击吴国。艰苦能锻炼意志，安逸反而会消磨意志。勾践害怕自己会贪图眼前的安逸，消磨报仇雪耻的意志，所以他为自己安排艰苦的生活环境，每天自省。他晚上睡觉不用褥，只铺些柴草（古时叫薪），又在屋里挂了一只苦胆，他不时会尝尝苦胆的味道，为的就是不忘过去的耻辱。

为鼓励民众，勾践和王后与人民一起参与劳动，在越人同心协力之下越国强大起来，最后找到时机，灭亡了吴国。

勾践能够最终反败为胜，主要是自己能够认识当下的处境，并进行了深入的自省，励精图治，最后获得成功。在现代企业管理中，身为管理者，应该学会自省，从解决自身的问题开始。部分管理人喜欢说高层的不是，为的是博取下属的好感，但事实上，这样只会打击团队的信心，并向下属传递了3个很坏的信息：第一，这个单位不可信赖；第二，我们的管理层互相对抗；第三，你的团队领袖在单位内是软弱及无权势的。

2001年任正非写了他有生以来最具影响力的文章——《华为的冬天》。不要以为那时的华为已身陷困局，事实上，那一年华为以152亿元的销售额、29亿元的利润，位居全国电子百强首位。

今天的华为更令人瞩目，2014年实现全球销售收入2882亿元人民币，净利润279亿元人民币，当年研发投入408.45亿元人民币，拥有研发人员7.6万人，是最具国际影响力的中国制造企业。

然而，任正非最爱提醒自己的一句话是“千万不要以为自己无所不能”。他还说：“我没什么本事，所以才把CEO的位置让给大家来坐（即华为独创的CEO轮值制度）。”

任正非能在企业如日中天时保持自省，让整个企业能够时刻保持清醒，并找出新的突破方法。

有一句名言：“领导有三大原则：以身作则、以身作则、以身作则。”

企业管理者应该每隔一段时间就放下手头繁忙的事务，静下心来想想以下几个方面的问题。

1. 愿景与工作重点。

由于忙于日常工作，管理者常常未能向员工充分阐述公司的愿景，尤其是没有帮助下属根据愿景明确工作重点。“我多久宣传一次愿景?”“我是否确定了3～5个与实现愿景相关的工作重点，并向员工传达?”“我的员工能否答出公司的愿景和工作重点?”

2. 时间管理。

管理者必须对自己如何使用时间做到心中有数。他们还必须确保自己（以及下属）的时间分配方式与工作重点保持一致。“我如何安排自己的时间?这是否与我的工作重点相吻合?”“我的下属如何安排他们的时间?这是否与公司的工作重点相吻合?”

3. 反馈。

管理者往往没有及时、坦率地给员工提供指导，而是等到年终考核才提出意见。这种做法会给员工带来意外打击，不利于员工的职业发展。同样重要的是，管理者必须培养出勇于进言的下属，让他们全年都不断地给自己提供意见和反馈。“我是否及时、坦率地给员工提供反馈，从而让他们有机会改进?”“下属中是否有五六个人会告诉我一些我不爱听但必须了解的信息?”

4. 继任规划。

管理者不积极培养接班人，就无法充分下放权力，并会让自己成为决策的瓶颈。骨干员工如果没有得到积极的培养与锻炼，他们就可能挂冠而去。“至少在心里，我是否已选好了一位或多位接班人?”“我是否已着手指导他们，并把富有挑战性的工作交给他们?”“我是否已充分授权?我是否已成为了决策的瓶颈?”

5. 业务评估和调整。

世界在不断变化，管理者必须能对公司做出相应的调整。“公司在设计上是否与关键成功要素匹配?”“假如我必须从一张白纸开始对公司进行重新设计，我会怎么做?这与当前的设计有何不同?”“我是否有必要组织下属成立一个特别工作组来回答这些问题，然后让他们向我提出建议?”

6. 沉着应对压力。

管理者在压力之下的举动备受下属的关注，它会给企业文化和员工行为带来深刻的影响。管理者必须弄清导致自己紧张的原因，并且有意识地控制自己的行为，从而确保自己的行为与自己的信念及核心价值观相吻合。“哪类事件会给我压力?”“我在压力下的表现是怎么样的?”“这种行为向我的下属传达了什么样的信息？这些信息是有助于公司取得成功，还是会起破坏作用?”

7. 保持真我。

成功的公司高管会形成一种既能适应公司需要，又符合自己信念和个性的管理风格。“我是否对自己的管理风格感到满意？它是否真正反映出我是怎样的一个人?”“我是充分表明自己的立场，还是踌躇不定?”“我是否因顾及晋升或奖金而在提意见时有所保留，或者不愿表达自己的观点?”

上述这些问题旨在激发企业管理者的思考，从商之路是一场马拉松。企业管理者需要在不断反省中，带领企业跑赢这场马拉松。

【责任】成就个人威望

在这个世界上，每个人都扮演着不同的角色，每一种角色又都承担了不同的责任，使我们在困难时能够坚持，让我们在成功时保持冷静，在绝望时不放弃，因为我们的努力和坚持不仅仅是为了自己，还为了别人。一个对别人负责的人，才是对自己真正负责的人。

1920年的一天，美国一位12岁的小男孩正与他的伙伴们玩足球，一不小心，小男孩将足球踢到了一户人家的窗户上，一块玻璃被击碎了。

一位老人立即从屋里跑出来，勃然大怒，大声责问是谁干的。伙伴们纷纷逃跑了，小男孩却走到老人跟前，低着头向老人认错，并请求老人宽恕。然而，老人却十分固执，小男孩委屈地哭了。最后，老人同意小男孩回家拿钱赔偿。回到家，闯了祸的小男孩怯生生地将事情的经过告诉了父亲。父亲并没有因为其年龄还小而开恩，板着脸沉思了一会儿，父亲掏出钱，严肃地对小男孩说："家里虽然有钱，但是既然是你闯的祸，你就应该为自己的过失行为负责。这15美元我暂时借给你赔偿人家，不过，你必须想办法还给我。"小男孩从父亲手中接过钱，飞快地跑过去赔给了老人。

事后，小男孩为了还清父亲的钱，一边刻苦读书，一边用空闲时间打工赚钱。由于他人小，不能干重活，他就到餐馆给别人刷碗。经过几个月的努力，小男孩终于挣到了15美元，并自豪地交给了他的父亲。父亲欣然拍着他的肩膀说："一个能为自己的过失行为负责的人，将来一定会有出息的。"许多年以后，这位男孩成为美利坚合众国的总统，他就是里根。后来，里根回忆这段往事时，深有感触地说："那一次闯祸之后，使我懂得了做人做事的责任。"

里根能成为美国的总统，因素很多，其中一个重要的原因，就是他的责任感！试想一下，假如里根是一个做事不认真或缺乏责任感的人，美国人是不会将那么一个大国交给他管理的。

美国著名作家阿伯拉罕·哈伯德说："所有成功者的标志是他们对自己所说的一切全部负责。"一个人要想获得成功，就需要具有强烈的责任意识。只有具有强烈的责任意识，他才会喜欢并热爱自己的工作，从而才会取得成功。责任感与机遇成正比，一个企业能够承担多大的责任，就能取得多大的成功。

2007年，柳传志应邀动笔写了一封信，收信人是100年后的中国人：

"我是一个企业家，是一个叫联想的企业的主要创始人。联想1984年初始的时候只有20万元的资本，到了2007年，我们已有600多亿元的总资产，旗下公司的总营业额1400亿元，有3万多名员工。我之所以说明这一点是因为企业大到了一定的程度，企业家就必须除了关心自己的业务，关心自己的员工以外，还应关心政治、关心经济、关心社会，除了关心中国的，还要关心国际的。"

企业家最大的社会责任是把企业办好。在联想控股的会议室里，悬挂着一幅书法字，上面写着这家公司的愿景，其中第一句就是"以产业报国为己任"。这种企业的责任感对于柳传志这代企业家来说是真实而坚硬的，这来自于他们对国家历史磨难的切身体会和实现振兴的长期渴望。而这一坚实的责任感，也给联想企业的发展带来巨大的成功。

一个真正的企业家，不仅要具备创新、冒险、合作、敬业、学习、执着和诚信的精神，更重要的是他得具有对社会的使命感和责任感，这才是企业家精神中最关键的。一个企业的管理者如果没有对社会的使命感和责任感，那他充其量只不过是一部赚钱的机器。而一个对社会负有使命感和责任感的企业家，他不会被单一的逐利牵着鼻子走，他一定立足于有益于社会的理想。纯粹为了逐利而去办企业，与为了某个理想去办企业，以实现了理想而得到利益，出发点不同、做事情的境界不同、对社会的贡献也不同。

做企业是要有理想的，对社会的责任感是要长期坚持的，国外奔驰、西门子、通用、微软、苹果、松下、丰田等，中国的联想、海尔、万向、娃哈哈等就是非常典型的例子，如果这些企业仅仅以逐利为目的，会有今天的成果吗？会为社会的发展做出重要贡献吗？当然并非所有企业都能够做到上述企业那么大，但是，即使是微小的企业，踏踏实实做，有多大能量发多大光，也是对社会的贡献。企业家只有具有社会使命感和责任感，才能收获更多成就和社会威望。

【德才】士有百行，以德为首

西晋时期，陈寿提出："士有百行，以德为先"，将道德提到个人做事立身的首要地位。自古以来，儒家学说认为只有贤人、君子和圣人才能充当管理者或领导者。而这些人的素质中，最重要的是"德"，其次才是"才"。

历代开明盛世的统治者都明白"水清沙自洁，官贤弊自绝"的道理，所以十分重视官吏的道德品质；历代王朝的衰败，无不从反面警示我们，吏无德必乱，政无道必亡。道德在中华民族繁衍、发展的过程中起着至关重要的作用。

"道德的力量是巨大的。经济的繁荣、社会的进步、人类的文明，需要道德的发展和完善。"高尚的道德是一种强大的精神力量，使人不由自主地敬仰和尊重，从而产生强大的感召力和凝聚力，促进全民族同心同德，万众一心，克服困难，不断前进。

温家宝总理出访纽约时，回答有关中国食品安全的提问时说，"一个企业家身上应该流着道德的血液。只有把看得见的企业技术、产品和管理，以及背后引导他们并受他们影响的理念、道德和责任，两者加在一起才能构成经济和企业的DNA。"因此，一个企业小胜靠的是智，大胜必须靠德行。

智，即智慧、才能。古人云，知人者智，自知者明。如果对自己缺乏真正的了解，那是很危险的。自知并不是件容易的事，而达到"明"的程度更不容易。管理者必须看到自己知识结构的缺陷，与竞争对手的差距，特别是未来竞争中自己的地位。

德，即道德、德行。德是一种境界、一种追求，也是一种力量，是一种震慑邪恶，净化环境，提纯思维，吸引财源的动力，德能使自己内功强劲，无往而不胜。所以，大胜靠德，业绩是与德行的修养成正比的。管理者要想把自己的企业做大做强，必须注意自己的德行修养，必须把自己的德行修养做扎实。

“天行健，君子以自强不息。地势坤，君子以厚德载物。”因此，企业管理者只有规范自身的行为，修正自身的德性修养，引领企业构建积极向上的企业文化，树立良好的企业形象，才能有利于相关生产经营活动的开展，提高利润，促进企业健康发展。

【公正】公则生明，廉则生威

作为企业管理者，无论管理水平有多高，都难免会出现各种不公平处理问题的情况。然而态度决定心态，心态决定状态，状态决定人生。当员工受到不公正待遇时，就会出现消极怠工、抵抗不满的情绪，这样会严重影响到相关工作的开展。因此，在日常企业管理工作中，管理者不能公正地管人管事，会导致员工的生产力低于可能的水平，并在这个过程中提高了企业人事流动的成本。

李梅是一家文化有限公司旗下的网站编辑，是总经理心中的“爱将”。“李梅做事情的能力非常强，稿子质量、拍摄照片的效果以及其他工作事务的处理和提出的建议，都值得肯定。我把很多资源放在她那里也很放心。”总经理认为工作能力强的员工最吸引他。

相反，周渝力的学历和李梅一样，性格也比较开朗，但是平时工作中有一些抵触情绪，效率也不高。“他在自己的事情没做好的同时，还要责怪别人的事情没做好，平时遇到问题也不会冷静处理，喜欢和领导顶撞。”

不过，总经理表示：“像这样不太惹人喜欢的员工，你可以换个角度去考量他。同时，换位工作也能让他意识到工作中的问题。”

随后，总经理把周渝力调配到人力资源部做行政工作，每天和各个部门的同事打交道，他渐渐体会到了行政工作的不易，在遇到问题时也不再抵触和责怪他人。总经理又考虑到周渝力性格开朗，于是把他安排到业务部门，从业务员开始做起。

现在，曾经被冷落的周渝力已经是公司业务部门的负责人。

由此可见，企业管理者要尊重人才，知人善任，公平对待，才可能将有限的资源进行最优化配置。但作为管理者，要完全消除领导对员工的“喜好”偏向是不可能的。能力强的员工受到重用成为“爱将”，是管理者出于企业效益的考量做出的决定，是一个优胜劣汰的管理策略。事实上，任何一家企业都免不了有员工因为种种原因被边缘，也并非每个管理者都能面面俱到。那么，如何实现企业管理过程中的公平公正呢?

首先，管理者首先要做好自我约束，要善于用理性克服主观喜爱和偏好，并不断进行自我修炼。同时，为了避免个人被赋予过大的权利，还需要用公司制度来进行强制约束，让每一位员工享受平等的竞争机会，这有利于那些还没有施展才能的人才享受平等机会和资源配置并通过相关制度和渠道反映不公平的待遇。

其次，被冷落的“冷将”不能寄望于老板救自己，要理性认识自身的优缺点，积极热情地对待工作，善于抓住机遇展示自身特色，在适当的时候，可以向老板申请，换一个自己认为能行的岗位试试，即便目标岗位的待遇可能会更低。决不能给老板留下消极怠工的印象，更不能破罐子破摔。

企业管理者不仅要公平，同时要兼顾廉洁。廉洁奉公不仅关系到企业的生存、发展和稳定，其意义不容小觑。

成功的企业，都有一个共同点，即企业内部上下同心，企业各部门相互支持，协调一致。没有团队合作的精神，仅凭一个人的力量无论如何也达不到理想的工作效果，只有通过集体的力量，充分发挥团队精神，才能使工作做得更出色。而如果没有廉洁，这一切都是空谈。企业的决策层的廉洁必将对整个企业树立起榜样作用，因此，企业廉政文化建设也是调动员工创新能力的内在动力，有助于企业管理者创新能力的提高。

【危机】在危机中凸显魅力

在这个竞争激烈的时代，任何组织所生存的环境都充满了危机和不确定性，面临的危机也愈具复杂性、多样性、不确定性。面对不可避免的危机情境，要成功地组织危机处理，管理者的重视与直接参与不可或缺。魅力型管理者通常被描述为具有绝对人格力量的人，他们能够激发群众产生极度强烈的忠诚、激情以及献身精神。追随者受魅力型管理者的鼓舞，会义无反顾地服从管理者，并且毫不迟疑地将他的话奉为指导思想。魅力型管理者有着独特的品质，诸如对未来有美好的设想，高度的自信心，精力充沛，善于言辞，对周围环境具有高度敏感性等。危机是把双刃剑，虽然会对组织带来不良影响，但同时也可以对魅力型管理者的形成与效力的发挥充当一个催化剂的作用。

2005年4月中旬，国内各大媒体转载英国《旗帜晚报》的一则报道：包括高露洁等品牌在内的数十种超市商品均含有三氯生。三氯生会和自来水中的氯生成三氯甲烷，而三氯甲烷被美国环保署列为可能的人类致癌物。这则报道是根据美国弗吉尼亚工学院的研究者 Peter. Vikesland 的《太爱干净可能对你的健康和环境有害》一文写出的。

随着这则消息在中国的传播，高露洁在中国消费者中的品牌信任度急速降低，高露洁牙膏的销量大幅度下降，销售商持观望态度，随时准备撤柜。截至4月20日凌晨0时15分，共有60025人参加了新浪网的网上调查，其中54118人表示将不再购买高露洁牙膏。

高露洁亚太区总裁高仕亚、广州高露洁棕榄有限公司董事长方宝惠、高露洁棕榄公司副总裁魏德威都出现在新闻发布会现场，管理层表现出高度的重视。4月19日，广州高露洁棕榄公司在国内有影响的主流媒体《南方周末》上发表声明：高露洁全效牙膏有效、有益、安全。并确认接下来还会对媒体和公众做出更详细的说明。4月27日，高露洁公司召开大型新闻发布会，国内150家媒体到会。方宝惠表示，高露洁全效牙膏是全世界经过最广泛测试和评估的牙膏，全世界超过30家独立的牙医协会都盖章认证了该品牌牙膏的安全性，消费者完全可以放心使用。高露洁高层积极与媒体打好关系，与专家、学者沟通，最后这次危机公关成功地转移了消费者的注意力，让大家对此事的关注度逐步降低，维护了品牌的形象。

高露洁通过这次危机处理，维护了品牌形象，同时也让企业管理者在这次危机处理中展示了管理的魅力，赢得了企业员工和消费者的信任。

一个组织在应对与处理危机的过程中，管理者的作用举足轻重。管理者应该能够发现组织危机，并且及时、合理处理危机，使组织或群体脱离逆境，避免或减少财产损失。

管理魅力涉及管理者、追随者和管理环境三方面，以情感、人格、胆识、能力、资历和职别等为构成要素。管理魅力的构成因素决定了企业管理者在处理危机时形成的影响力。

魅力型管理者在危机处理时，会造成强烈的个人认同感，会起到凝聚人心的作用。对组织中的其他成员而言，当组织面临危机，但又无法解释危机产生的原因时，成员会对自身在组织中所肩负的责任，以及所持有的信念产生动摇，对现存的管理者产生怀疑，并且不知所措。但一个强有力的管理者，对于组织的局面有战略性洞察力、明确的方向以及切实有效的危机处理方法，下属就会崇拜这些管理者并将模仿管理者的行为，执行管理者的要求，乐意接受管理者的指挥与影响，这样组织成员的凝聚力得以增强，进而危机带来的压力将转变为解决危机的动力。

魅力型管理者区别于其他管理者最显著的一点是，让员工接受他的价值观和信仰，树立起认同感和归属感，这是尤为重要的。魅力型管理者能够使下属将态度和信仰内在化，从而在日常组织运作过程中，成为一种内在激励，有效地预防危机的产生和扩散，增强组织凝聚力。

同时，魅力型管理者有助于让外部利益相关者对组织重塑信心。有时候一个魅力型管理者的出现会消除人们对处于危机中的组织能否生存下去的疑问，这一切在很大程度上是因为他们对这个管理者自身非凡才能的坚信不疑。由此可见，魅力型管理在企业面临危机时，能够以其独特的影响力，凝聚组织内外人心，获取必要的资源支持，从而能使企业顺利、高效地度过危机。

【情绪】能控制自己情绪的人，可以成就任何大业

艾森豪威尔说："能控制自己情绪的人，可以成就任何大业。"对于一个企业的管理者而言，应该具备很强的情绪控制能力。一个高层管理者情绪的好坏，甚至可以影响到整个公司的气氛。如果管理者经常由于一些事情控制不住自己的情绪，有可能会影响到整个公司的士气和工作效率。所以，对于管理者而言，无论遇到什么事情，哪怕是违背自己本意的事情，都得控制自己的情绪，不要有过激的言行。

曾有一位不速之客突然闯入美国石油大王洛克菲勒的办公室，直奔他的写字台，并以拳头猛击台面，大发雷霆："洛克菲勒，我恨你！我有绝对的理由恨你！"接着那个脾气火暴的莽汉恣意谩骂洛克菲勒达10分钟之久。办公室所有的职员见到这种情形，都感到无比气愤，他们以为洛克菲勒一定会拾起桌面上的墨水瓶砸向这个无礼的人，或是吩咐保安员将他赶出去。然而出乎意料的是，洛克菲勒并没有这么做。他停下手中的活，用和善的眼神注视着眼前这位言语攻击者，对方越暴躁，他就显得越和善！

最终，倒是这个无礼的人被洛克菲勒弄得莫名其妙，并渐渐地平息下来。实际上，他是故意来此与洛克菲勒作对的，并想好了洛克菲勒将要怎样回击

他，他再用想好的话语去反驳。但是，洛克菲勒就是不开口，这反而让他不知如何是好了。最终，他又在洛克菲勒的桌子上猛敲了几下，仍然得不到回应，只得索然离去。洛克菲勒呢，就像根本没发生任何事一样，重新拿起笔，继续他的工作。

当一个愤怒的人开始辱骂及嘲笑你时，不管是不是公正，你必须记住，如果你也以相同的态度报复，那么，你只能让事情更加糟糕。但如果你拒绝生气，维持你对自己的控制，保持冷静和沉着，那么，恭喜你，这等于你已经掌控了整个局面。因此，身为一个管理者，首先得学会忍，在该忍的事情上不懂得忍耐，最终损害的是自己。

曾经有一位美国经理负责管理印度尼西亚海洋的石油钻井台，一天，他看到一个员工工作表现比较糟糕，他就怒气冲冲地对那位员工说："你这混账东西，赶紧搭下一班船滚回去吧！"这句粗话使这位员工的自尊心受到极大的伤害，他被深深地激怒了，他二话不说，操起一把斧子，就朝经理冲过来。经理见状大惊，立刻逃到工棚里。那位员工紧追不舍，追到工棚。这时，幸亏钻井台的其他人及时赶到，极力劝阻，才避免了一场恶性事件的发生。

在这起事件中，这位美国经理祸从口出，没有掌控住自己的情绪，结果让场面十分难堪。由此可见，一个成功的企业管理者，不仅肩负着企业赢利的根本任务，同时也应当是"情绪管理高手"，企业中不好的情绪需要管理，同时也需要引导良好的情绪使其发挥更大作用。

有人曾对几百名成功者的经历做过统计，总结出了一个成功的公式：成功=80%情商+20%智商。也有人认为在决定成功的要素中，80%来自态度（价值取向），13%来自技巧，7%是客观因素。哈佛大学一项研究显示，成功、成就、升迁等原因中85%是因为我们掌控了正确的情绪，而仅有15%是由于我们的专门技术。

美国心理学之父威廉·詹姆斯认为，这一划时代的重大发现，可以使我们可从控制情绪来改变生活、改变命运，从而获得成功的人生。

第二章
按制度管人，按流程办事——岗位管理

【合理】合理的制度设置应该兼顾公平和效率

公平和效率是一对耳熟能详的词汇，如何处理公平和效率的关系，是学者们一直都在研究的课题。一般认为公平是指有关经济活动的制度、权利、机会和结果等方面的平等和合理，效率是资源投入和生产产出的比率。对于企业管理者来说，如何在管理上兼顾公平和效率，既能最大限度地发挥效率，又能让员工们都感觉公平，是一项重要的工作。

吉祥电气公司是一家有着五十多年历史的老国企。公司从建立到现在，为海东市的发展做出了巨大的贡献。但随着经济环境的变化，吉祥电气公司原有的管理体制已经严重阻碍了公司的发展。

公司目前存在的突出问题有三点：

一是人浮于事的现象非常突出。往往一项普通的工作被划分成若干环节，由不同的部门人员分别完成，造成部门之间经常互相扯皮、推诿，效率非常低下；

二是人岗严重不匹配。表现为不专业的人员做着专业的工作，能力高的人得不到发挥能力的平台而能力不足的人却占据着关键的岗位。

三是整个公司没有完整的绩效考核制度，员工大多得过且过，做多做少一个样，做好做坏一个样。

公司管理者已经认识到了问题的严重性，下定决心进行改革，为此特地高薪聘请了一位有着多年工作经验的副总裁来进行整改。

吉祥公司的情况比较极端，是公司管理制度不畅所导致的矛盾，各种矛盾又导致了极度的不公平和低效率。类似的情况，其实也存在于许多公司中，只是问题的轻重有别。如果放任这些弊端不管，迟早也会发生与吉祥公司类似的问题。

吉祥公司新来的副总裁姓许。许总在经过充分的调研之后，拿出了解决方案。他先将整改办法与公司的高层进行磋商。经过充分沟通，得到了大家的理解和支持之后，许总开始了改革。

许总首先进行的工作是定岗、定编、定员。

1．定岗。

也就是岗位设计的过程。定岗的前提是进行工作分析，即根据公司发展的战略和目标，采取科学的方法，对公司的全部工作进行分析研究，然后将类似或者相近工作内容进行归类，划归到对应的部门，再根据工作量的大小和对人员能力的要求，落实到具体的岗位上面，即定岗。定岗要确定岗位的任务、责任、权力以及在组织中与其他岗位的关系。

2．定编。

在岗位设置的基础上，根据工作量的大小及岗位的工作性质确定每个岗位所需的员工人数。这其中需要注意几种岗位人数的比例关系：经营部门与非经营部门之间的比例关系、管理岗位与全部岗位之间的比例关系。

3．定员。

即将人员放到岗位上。采取的方法包括能力测试、岗位竞聘、内部评议等，目的是将合适的人放到相应的岗位上。

通过三定，实现了岗位调整的目标——人岗匹配，做到了在起点上的公平。这里起点的公平，指的是不会出现因为人岗不匹配而导致的能力差的人拿着关键岗位的高工资或是能力强的人做着普通岗位的工作，即确立了个人能力、贡献与岗位、收入对应的大前提。

许总进行的第二步工作是重新拟定薪酬制度。“三定”工作的实施，为重新拟定薪酬制度打下了良好的基础。许总根据工作分析的结果，采取“要素计分法”对各岗位的价值进行评定，即“岗位价值评估”。根据评定的结果，得到岗位的价值排序，再按照排序拟定各岗位的薪酬水平。所谓“要素计分法”是指事先选定一些共性的要素，比如对公司的影响、责任范围、知识资历、沟通能力、工作环境和强度等，然后将各岗位的具体内容与这些要素标准进行比较，从而得到各岗位的价值评分。

通过重新拟定薪酬制度，使得各岗位对企业的价值与薪酬水平基本对应，再一次体现了公平的原则。

最后，许总在前面工作的基础上，制定了新的绩效考核制度。新的绩效考核制度以岗位职责为基础，以目标为导向，注重效率，使能力强、贡献大的人能够得到应得的回报。

经过许总在人岗问题上的“三把火”，吉祥人的工作积极性和工作效率有了很大改善，公司的活力重新焕发，企业效益很快有了改观。

许总在岗位管理上的做法，给了我们很好的启迪。总体的思路是在公司战略和目标的指导下，经过科学的工作分析，合理设置岗位，做到人岗匹配，并辅以有层次的薪酬制度和绩效考核制度，做到人尽其才，贡献与收入挂钩，从而实现起点公平基础上的有效率的岗位管理。

【责任】落实岗位责任制，谁的工作谁负责

岗位责任制是指在工作分析的基础上，根据工作岗位的工作性质和业务特点，明确规定其职责、权限，并按照事先拟定的工作标准来进行考核及奖惩而建立起来的制度。

岗位责任制的核心有四点：

1. 要落实岗位责任制，首先必须做到人岗匹配。

试想，如果能力不足的员工从事了关键岗位的工作，那么指望该员工在该岗位上做出优良的业绩是不太可能的。甚或还有可能由于能力不足，不能满足岗位的基本要求而发生生产事故及其他问题。

2. 岗位的职责和权限必须明确、清晰。

职责和权限不清晰，容易导致责任互相推诿，畏首畏尾。

3. 岗位的职责和权限必须统一。

有责任，没权利，不可能落实责任，有权利，没责任，又有可能导致权利失控。

4. 必须做到有责必究，有绩必奖。

坚决执行岗位责任制，各岗位员工才能忠于职守，各负其责。

金利公司是一家生产五金工具的民营企业。公司董事长郑总三年前辞职自己创业，仅用了很短的时间就实现了年产值过亿，销售利润近千万元，公司员工也从最初的十几人，发展到现在的近百人。

随着业务的拓展，公司内部的政策、组织机构变化也开始频繁起来。比如成立不久的高精工具研发部，由于关键技术迟迟无法攻克，内部研发成本居高不下，被裁撤，改为技术引进。又比如为应对电子商务的蓬勃发展，开辟新的业绩增长点，公司将销售部业务进行了分类，划分为线上事业部和线下事业部。郑总还身体力行，在公司内部大力倡导创新、变革，力争把公司打造为一流的企业。

公司飞速发展的同时，也有一些问题暴露了出来。

由于组织机构和相关政策变更较快，而管理人员又没有相应的经验，导致配套的制度文件和工作流程没有跟上，部分岗位的员工有些无所适从，不知道哪些是自己的职责，遇到的事情到底要不要管。比如老黄是销售部的统计员，负责与生产部门核对每日的订单、生产和完成的情况。销售部划分为线上和线下两个事业部之后，老黄的职位却没有变化，仍然每天按照原有流程做着工作。但增加线上经营后，有一部分售后统计，包括退货的统计工作却没有明确是客服的工作还是统计员的工作。

另外，在技术研发上，由于几位技术总工意见分歧而出现了各搞各的研究，造成了研发部工作混乱，研究重复和资源浪费严重。出现这种情况的原因，一方面，董事长直接插手研发部的工作，权限下放不足，导致研发部负责人的责权受到挑战，许多管理行为无法执行；另一方面，公司从初创期发展到现在，由于员工士气较高，并没有发生过对主管以上岗位进行岗位追责的先例。

金利公司岗位职责履行不力，其根本原因还是岗位职责不清晰、岗位责权不到位、岗位未实行严格责任制。除了这些深层次的原因外，还有一些常见的情况也可能导致岗位职责无法被严格执行。比如金利公司出现过的公司政策变动大而相关制度、流程及文件工作不配套导致岗位职责未能及时更新。又比如工作分工不合理，本可由一个部门完成的工作，分拆到了多个部门。还有实际工作中非常常见的多头管理、审批环节过多等问题。

对于这些新出现的问题，郑总特意向专业的咨询公司取经，并进行了深刻反省，然后采取了如下措施：

第一，在公司会议上，郑总带头做了自我批评，表示今后将主抓公司层面上的问题，对于部门发展仅给出大方向建议，不插手内部管理细节，对中层干部进一步放权。

第二，对分管企业制度建设和岗位职责更新的人力资源部进行了批评和处罚，要求他们及时完成配套的制度、流程、岗位职责更新工作，并进行宣传，保证每个员工都明确其岗位职责。

第三，要求各部门配合人力资源部，检查各部门及各岗位职责是否合理，杜绝真空地带。并要求各部门梳理相互之间的关系，避免互相推诿和多头管理。

第四，建立与岗位责任配套的奖惩制度，干得好的重奖，玩忽职守的严惩。

经过郑总的调整，金利公司内部运作顺畅了许多，各部门和各岗位都严守职责，大幅减少了由于岗位职责履行不到位带来的工作失误。

金利公司的案例对我们如何实施岗位责任制给出了借鉴。公司管理者高度重视，指定适当的部门负责厘清岗位职责、落实岗位责权、建立与之配套的奖惩制度，并严格执行，就能保证岗位责任制的实施。值得注意的是，金利公司人力资源部在郑总推行岗位责任制之前，就已经为岗位职责履行不力受到了处罚，这为公司后面的一系列举措提供了威慑力量。

【目标】目标精确到个人，别让团队整天“瞎忙”

在兼顾公平和效率的基础上，合理设置岗位，并实行岗位责任制，为企业的良性发展提供了保证，接下来应该群策群力，为实现企业的目标而奋斗。马云在阿里集团十周年时提出集团的目标是：“为一千万家企业提供生存、成长和发展的平台，为全世界创造一亿就业机会，为全世界十亿消费者服务。”

好的企业，其目标通常宏伟远大，能够对员工产生极强的激励作用。但如此远大的目标，如何实现，对企业的管理者来说，却是一个不小的考验。

天宇公司是一家从事互联网络服务的企业。公司董事长周总敏锐地察觉到，当前正是互联网企业发展的黄金时代，为此他提出了三年内产值突破十亿，用户数量突破一千万的目标。周总的高瞻远瞩让公司上下非常振奋，各部门纷纷行动了起来。

销售部提出了每年销售任务增长50%的目标，所有销售员工都开始自觉加班加点，深挖客户资源，提高销售业绩。

客服部门在原有的“24小时响应原则”基础上，提出了“12小时响应，24小时内解决问题”的口号，更加努力地进行售后服务。

其他各部门也都拿出了自己的行动计划，公司一时之间掀起了工作热潮。

三个月过去了，大家的激情慢慢回落。销售部的销售业绩在最初一个月猛增10%，随后两个月下降明显，在第三个月甚至同比负增长。客服部门和其他部门的状况也大同小异。整个公司在亢奋中“瞎忙”了一阵子之后，进入了疲惫期。

面对如此状况，周总急忙向同行里的老大哥秦总请教。秦总到天宇公司仔细调研之后，拿出了解决方案。在讲解方案之前，秦总先给周总讲了个故事。

1984年，在东京国际马拉松邀请赛中，日本选手山田本一出人意料地夺得了世界冠军。两年后，在意大利国际马拉松邀请赛上，山田本一又获得了冠军。

在此之前，大家都对名不见经传的山田本一不抱希望，但连续两次夺冠引起了大家的好奇。最终，山田本一在自传中解开了这个秘密。

山田本一在自传中写道：“每次比赛之前，我都要乘车把比赛的线路仔细看一遍，并把沿途比较醒目的标志画下来，比如第一个标志是银行，第二个标志是一棵大树，第三个标志是一座红房子，这样一直画到赛程的终点。比赛开始后，我就以百米冲刺的速度奋力向第一个目标冲去，等到达第一个目标，我又以同样的速度向第二个目标冲去。四十几公里的赛程，就被我分解成这么几个小目标后轻松地跑完了。起初，我并不懂这样的道理，我把我的目标定在四十几公里处的终点线上，结果我跑到十几公里时就疲惫不堪了，我被前面那段遥远的路程给吓倒了，但在我设定小目标之后，马拉松的行程对我来说就不再是问题了。”

结合山田本一的故事，秦总指出了周总公司的主要问题是：公司有远大的目标，但没有进行分解，没有精确落实到每个部门、每个员工的身上，这导致大家都在“瞎忙”，而成效不大。秦总的话让周总恍然大悟，在秦总的指导下，公司进行了目标分解工作，天宇公司当年的业绩果然获得大幅提升，为战略目标的实现迈出了坚实的第一步。

山田本一的故事给了我们很好的启迪：再宏伟远大的目标也是由一个一个小的目标组成的，只要找对方向，一步一步向前走，就一定能够成功。不积跬步，无以至千里，不积小流，无以成江海。做大事，就像爬楼梯，一层一层往上爬，最终一定能到达楼顶。

明白了把大目标分解为小目标的重要性，还要学会怎么分。常见的目标分解方法有剥洋葱法和多杈树法。

剥洋葱法，就是像剥洋葱一样，将大目标分解成小目标，再将小目标分解成更小的目标，一直分解下去，直到变成每个岗位、每个人都触手可及的目标。比如上文中天宇公司的三年战略目标就可以按照时间轴线，先分解为年度目标，再分解为季度和月度目标，最后落实到每周和每日的目标，从而精确布置到每个员工的身上。

多杈树法，就是模仿大树的结构，从树干开始，分出若干个分枝，每个分枝再分出更小的树枝，直到叶子。我们用树干表示大目标，每个树枝代表小目标，叶子就是我们现在的目标或是我们现在要去做的每一件事情，所应该达到的结果。做多杈树法分解时注意：

首先，要弄清楚大目标和小目标之间的逻辑关系：小目标是大目标的条件，大目标是小目标的结果，小目标如果全部实现，那么大目标一定就会跟着实现。

其次，写下一个大目标，然后问：要实现该目标的条件是什么？列出实现目标的必要条件和充分条件。完成这些条件，就是达成该大目标之前必须首先达成的小目标。每一个小目标，就是大目标的第一层树杈。接下来，再问：要实现这些小目标的条件是什么？列出达成每一个小目标所有的必要条件与充分条件。这样就会变成各处的小目标的第二层树杈。以此类推，直到画出所有的树叶，才算完成该目标的多杈树分解。每个目标最后都可以被描绘成一棵枝繁叶茂的大树。从叶子到树枝，再到树干，不断地问：如果这些小目标均达成，那么大目标一定会达成吗？答案如果是“是”，就表示这个分解已经完成。如果答案是“不一定”，那就表明所有列出的条件，还不够充分。继续补充被忽略掉的树枝。一棵完整的目标多杈树，就是一套完整的达成该目标的行动计划。所以，目标多杈树，又叫“计划多杈树”。

【执行】没有任何借口，坚决不折不扣地执行

西点军校是一所世界闻名的美国学府，在其建校至今的两百多年里，培养出了无数的精英人物，包括三名总统，三千七百多名将军和数万名企业领袖。其在美国商政两界的影响力，甚至超过了世界大学排行榜上排名第一的哈佛大学。如此辉煌的成就，取决于西点军校与众不同的育人理念。

西点军校有“22 条校规”，其中第一条和第二条分别是“无条件执行”和“工作无借口”，号召学员在完成上级交代的任务时，不找任何借口，坚决不折不扣地执行，这使得从西点军校毕业的学生具有强大的执行力，在工作上自然能够无往而不利，取得骄人的成就。西点军校的成功对于企业来说有着重要的借鉴意义。试想，如果企业的每一个员工都能够不折不扣地完成上级交代的任务，那么企业的飞速发展就是指日可待的事情。

陈熙大学毕业后进入了一家生产企业。由于在校期间，学习的基本都是理论知识，实际操作经验很少，公司决定将所有新招聘的应届毕业生安排到生产车间实习三个月，然后再定部门归属。

陈熙是个有理想的青年，遵照公司安排，来到生产车间后，准备认真学习生产技能，尽快掌握公司的生产流程和产品知识。可是出乎陈熙意料的是：车间主任没有安排陈熙去生产线学习，而是安排她打扫车间走道的卫生，并

且要求她每半个小时用吸尘器做一次清洁，使走道一尘不染。

一开始，陈熙还能按照车间主任的指示，认真进行清扫。但是三天时间过去了，陈熙认为自己的工作毫无意义，是车间主任在故意为难自己，于是开始找借口偷懒，不仅没有按时吸尘，走道也开始有垃圾堆积。

这时候，车间主任把陈熙叫了过去，进行了严厉批评。经过车间主任的指点，陈熙才恍然大悟，原来车间里生产的是精密的电子元器件，必须保持无尘的状态，每半小时清扫一次走道正是为此。

明白了原因之后，陈熙很是惭愧。

车间主任又对陈熙说道："把你安排到走道打扫卫生而不事先解释原因，除了让你们了解无尘工作规则之外，更重要的还要让你明白一个道理：公司安排工作任务，都必须坚决执行，否则就会影响其他工作的开展。"

为了加强理解，车间主任给陈熙举了一个例子：某个产品有10道工序，有10位工人，每个工人都只能保证80%的成品率。那么到最后这个产品能够生产出成品的可能性会是多少呢？0.8的10次方，只有10%的机会能够生产出成品。在人们的心目中，能够80%达到工作要求，可能已经是一个不错的结果，但是如果每个人都这样想、这样做的话，结局就有可能是灾难性的。

此后，陈熙在这家公司工作的时候，一直牢记这件事情，公司安排的任何工作，她都能不折不扣地执行，成了公司上下都认同的优秀员工。

这个案例充分说明了不折不扣执行工作任务的必要性。

日常工作中，导致我们执行力不高的原因很多，借口也多种多样。有觉得上级安排的任务不合理的，有觉得有些工作不是自己分内的，有觉得工作没有意义的，等等。之所以会出现这些借口，其根本的原因还是对工作不重视，没有摆正自己的位置。

每个人参加工作的原因都不同。但根据马斯洛需求理论的分析，工作的原因不外乎是生理的或者心理的，也就是为了满足生存的需要，或者满足精神层面的需要，如得到其他人的认同，获得成就感等。按照这样说来，我们进行工作，就不是为了别人，而是为了自己。给工作打折扣，就是给自己的人生打折扣。敷衍了工作，工作最终也将敷衍自己，蹉跎时光，必将一事无成。

除了从主观上杜绝借口，提高执行力外，在岗位和人员管理上，还需要从客观层面，也就是管理方法、制度和流程上着手，提高执行力。

首先，如上节内容中提到的，企业的目标必须明确，而且要精确到个人，别让团队整天“瞎忙”，找不到方向，避免行而无用。

其次，要有流畅的沟通渠道和沟通机制。陈熙的案例，虽然是车间为了教育新员工而采取的特殊方法，但其实也是因为沟通不到位引起的。在安排工作任务时，如果能够讲明原因、解释方法，本身就能打消疑虑，去除借口产生的土壤。

再次，磨刀不误砍柴工。做工作还要讲方法、选工具。当今是个信息爆炸的时代，社会日新月异，员工所学、所能往往跟不上时代的发展，这时候要保证执行力，就必须让员工“会做”，针对性的培训必不可少。

最后，合理的考核与激励制度能够在很大程度上保证员工执行的程度。灵活的、针对具体工作任务的考核体系，有吸引力、能够及时兑现的激励办法都是保证执行力的法宝。古时有“千金买马骨”，现代企业有员工持股计划，都是为此。

【纪律】用铁的纪律约束每一位员工

所谓纪律，是指为维护集体利益并保证工作良好开展而要求成员必须遵守的规章、条文。对于企业来说，纪律就是为了实现企业的目标，对员工的行为进行规范、制约和协调的规章制度的总称。孟子曾经说过：“不以规矩，不能成方圆。”企业的员工来自不同的地方，有着不同的世界观、人生观，性格和习惯大相径庭，如果不能用大家都必须遵守的纪律加以约束，团队就会是一盘散沙，毫无战斗力可言，组织的目标也就根本无法实现。

西东公司是一家小有名气的电子商务企业，公司员工有30多名，大多是刚刚大学毕业的年轻人。

公司最核心的部门是销售部，部门负责人刘经理是董事长郑总的同学，是最初创业时和董事长一起打拼的老人。随着公司逐渐走上正轨，刘经理开始以元老自居，拼搏进取之心慢慢消退，自由散漫的作风越来越严重。经常迟到早退不说，有一次还错过了和一位重要客户约好的会谈。由于刘经理对纪律的破坏，整个销售团队的表现也不尽人意，销售业绩节节下滑，团队战斗力和士气荡然无存。

郑总与刘经理也就出现的问题谈过几次话，但收效甚微。为此，郑总感到非常苦恼。几经思考之后，郑总还是将刘经理调离了销售部，并对他进行了正式批评，给予了处罚。

对刘经理的处罚决定下发后，销售部为之肃然。员工们看到郑总连一起创业的老同学都能严肃处理，无不谨守纪律。

西东公司的案例说明了在纪律面前人人平等，公司必须用铁的纪律约束每一位员工。放任自由、搞特殊化，只会导致纪律形同虚设，阻碍企业的发展。每一个企业都有老员工、关系户等，对于这些特殊人群，用得好，会对企业产生很大的助力，用得不好，就可能会变成企业发展的阻碍。

用纪律来约束每一位员工，正确的做法应该是防微杜渐，形成企业文化和风气，而不是积重难返之后，猛然下重药，采取严厉措施，将员工一棒子“打晕”“打死”。

郑总在对刘经理进行处理之后，痛定思痛，认为之所以会出现刘经理这样的情况，是与自己的放任自由，没有从根子上处理好企业的制度、纪律建设有关。

为此，郑总采取了如下措施。

首先，郑总亲自把关，与公司人力资源部一起重新修订了员工守则，将什么事情能干、什么事情不能干，员工在公司应该怎样工作等，进行了详细的规定，对于各种行为划定了红线。

其次，由于公司的性质和员工构成，导致公司的人员流动性相对较大。那么，在员工入职时，进行新员工培训非常重要。人力资源部在入职培训时，会将公司规章制度、员工手册等规范性文件作为重点，向新员工进行传达。

最后，郑总开始强化规章制度的执行，要求所有员工严格遵守公司纪律，实行零容忍，对于任何一个破坏纪律的行为，都采取严厉的惩罚。

郑总的“新政”实施后，许多公司员工不太适应。毕竟作为一个初创的互联网企业，员工又多是刚从校园走出来的学生，“自由”是大家的理想。一时之间，员工们思想浮动，甚至还有几名员工提出了辞职。

面对这种情况，郑总并没有动摇，而是继续推行“新政”，严格执行纪律。并在原有制度的基础上，增加了绩效考核制度，将纪律执行情况作为考核项目之一，并与大家的奖金挂钩。

几个星期过去了，员工们度过了最初的不适应期，开始变得习以为常起来，公司的整体风貌有了很大提升。

西东公司的情况并不罕见，许多企业也存在着纪律执行不严的情况。出现这种情况的原因有很多，比如有的公司强调“人性化”管理，而忽略了“人性化”管理是以纪律为前提的；有的企业本身制度设置不尽合理，因而受到了员工的抵制。但不论何种原因，纪律是一个企业秩序的保证，必须严格遵守。在这方面，德国企业给我们做出了表率。

德国员工非常注重规则和纪律，干什么都十分认真。凡是有明文规定的，都会自觉遵守；凡是明确禁止的，绝不会去碰它。在一些人的眼中，德国员工近乎呆板，缺乏灵活性，甚至有点儿不通人情。但细细想来，这种“不灵活”甚为有益。没有纪律，何来秩序？没有规矩，何来认真？正是这种呆板式的认真，使德国人在二战之后，从“百废待兴”迅速“发达”起来，重新成为欧洲强国。

第三章
因事设职，因职设人——人岗匹配

【能力】能者上，庸者下，平者让

“能者上，庸者下，平者让”，是大家都认同的用人原则，也是职场“优胜劣汰”法则的必然结果。21 世纪是一个以人为本的新时代，人才是企业所有资源当中最为重要、最为核心的资源。在这个网络化、扁平化的新型社会结构当中，只要有人才，就能获得资金、资源，各个企业之间竞争的核心，就是人才的竞争。能力平平的人给能力优秀的人让位，工作懈怠的人给工作努力的人让位，业绩平庸的人给业绩领先的人让位。要想在竞争激烈的职场之中占得一席之地，就必须不断学习，提升自己的能力，做职场当中的能者。

美的集团是大家耳熟能详的知名企业。集团创立于 1968 年，截至 2014 年，用工总数达到 13 万人，旗下拥有美的、小天鹅、威灵、华凌、安得、美芝等十余个品牌，产品涉及民用、工业等多个行业。集团在国内外建有 20 多个生产基地，在全球设有 60 多个海外分支机构，产品远销 200 多个国家和地区。

2013 年，在“中国最有价值品牌”评价中，美的品牌价值达到 653.36 亿元，名列全国最有价值品牌第 5 位。

美的集团能够在市场竞争激烈的电器行业中脱颖而出，除了战略走向清晰、经营稳健，公司治理规范、管理层稳定之外，最重要的原因是其开拓进取、不拘一格的用人之道。

公司在引进人才上，不惜血本，提出“宁可放弃一百万元利润的生意，也不放弃一个对企业发展有用的人才”。公司给有能力的人大开方便之门，坚决贯彻了“能者上”的理念。

在使用人才上，每年都会对工作表现最差的5%的员工进行裁员，敢于壮士断腕，勇于淘汰公司“元老”级别的员工。在包括中层及以下的岗位上，采取竞聘制度，竞争非常激烈，各岗位时刻都有可能出现挑战者，充分体现了“平者让、庸者下”的思想。

正是美的集团这种略显激进的用人之道，保证了美的集团从一个默默无闻的民营企业，闯过无数道关卡，成为享有国际声誉的知名大企业。在美的集团创立到今天，美的集团培养了数万名能力超强的职员，其中不少人在离开美的之后，仍然能够继续贯彻美的的用人理念，创立了自己的事业。

京华公司是一家有着多年历史的老企业，就像许多国有企业一样，公司在经过了数十年的制度变迁之后，原有的管理机制和用人制度已经出现了很大的弊端，亟须进行改革。

公司目前的主要问题表现在：

第一，公司引进人才的渠道狭窄，新进的员工几乎都是各种关系户和老员工的子女，有能力而无门路的人员很难进入该企业。

第二，员工职位晋升困难。职位晋升主要考虑的因素是员工为企业服役年限的长短，论资排辈的情况非常突出。

第三，没有灵活的岗位调整制度，能上不能下的情况非常突出。只要担任了某一职级的领导岗位，即使被调离了该岗位，仍然保留级别，导致企业负担沉重。

这种制度，在企业创立之初，员工的工作内容趋同、工作难度不高的情况下，有其合理的地方。但在当今技术日新月异、市场竞争白热化的情况下，已经很难对人才产生吸引力了。事实上，公司目前的员工基本都是一些老同志和文化素质不高、技术水平低下的年轻人。

京华公司的情况非常普遍，这类老企业的员工受制于几十年如一日的老制度，自身能力很难获得提升，新鲜的血液也很难进来，如果不进行改革，将发生恶性循环，最终走向消亡。

面对严峻的形势，京华公司新一届的领导班子临危受命，采取了一系列的改革措施。在用人制度上，实行了岗位全员竞聘。竞聘的总体原则是“能者上，庸者下，平者让”，只要有能力、有担当、想干事的，刚刚毕业的学生也可以担任领导岗位。而那些想要浑水摸鱼、尸位素餐的，即使是几十年的老员工，也必须靠边站。

实行全员竞聘之后，公司上下一片哗然，许多老员工纷纷到领导办公室闹事、静坐。但经过大家分头劝说，并在承诺“绝不放弃任何一名员工，竞聘不成也会安排就业”之后，竞聘工作还是得以推进下去。

看到公司领导软硬不吃，坚决改革之后，许多员工开始改变思路，开动脑筋，积极开始竞聘起来。

老员工经验丰富，在行业中有几十年的人脉资源，要么竞聘技术负责人、要么竞聘公关部门。

新员工敢打敢拼，除了生产一线之外，还有许多人选择了销售部。

对于竞聘失败，剩下的员工，公司没有放弃，而是通过各种培训，让他们掌握技能，重新走上新的岗位。

实施全员竞聘之后，京华公司旧有的用人机制彻底得到了改变，员工们开始全力工作。

“能者上，庸者下，平者让”，浅显易懂的用人道理，只要坚决实施，贯彻到底，必然会保证企业的员工人尽其才，公司也能获得最大的用人效益。

【合适】让合适的人坐合适的位置

用人有时候就像穿鞋子，左脚穿左鞋、右脚穿右鞋，多大的脚穿多大的鞋，天气热了穿凉鞋，天气冷了穿棉鞋。在企业当中，有着各式各样的岗位，各个岗位有各个岗位的要求。有的岗位需要经常与人打交道，那就需要个性活泼，善于交流的人来担任；有的岗位要求严格按照流程规则操作，那就需要严谨、性格内敛的人来担任；还有些岗位面临的压力极大，那就需要心胸宽广，有担当、有毅力的人来担任。总之，应该让合适的人坐合适的位置，简而言之，要做到人岗匹配。

陈冲是一名技术研发人员，负责主持公司一项电子产品的研发。经过陈冲和其他技术人员的努力，该产品的技术终于成熟，可以投入生产了。由于该产品是目前市场上没有的高技术产品，许多关键的技术都是刚研制出来的，生产部门在制造这款产品时，遇到了不少瓶颈，生产并不顺利。

公司领导认为该产品是由陈冲主导研发的，他对产品的每一个生产步骤和特性都非常了解，由陈冲来组织该产品的生产应该可以解决上述问题。

陈冲走马上任了。技术水平高超的陈冲到达生产部，很快就解决了几个生产线上的技术问题，工人们都很服气。

但陈冲履职一段时间之后，新的问题又出现了。

由于陈冲大学毕业之后，一直从事产品研发，日常接触的都是精密仪器和设备，偶尔需要他进行组织的，也都是与其他技术人员一起进行实验。他并没有管理团队的经验，对于生产的组织也不熟悉。这就导致陈冲接手生产部后，干群关系日渐紧张，物料组织和生产管理也渐趋混乱，整个生产部的效率并没有获得提高，反而成本越来越高。

这时候，公司领导才发现，让埋头搞技术的陈冲，去做对沟通协调能力要求极强的生产部领导，是一个错误。公司急忙让陈冲回到技术岗位，重新找了一位技术水平较好，但是管理组织能力较强的员工担任生产部领导。一场在生产部酝酿中的大危机，这才被消解。

陈冲是公司的技术负责人，正是在他的带领下，公司才有了新产品的问世。他本身的能力是极强的，对公司的忠诚度和价值毋庸置疑，这样的人，确实应该给予更多的重视，赋予更重的责任，但陈冲的能力体现在技术研发上，担任技术总监可以让他得其所成，而担任其他的岗位就强人所难了。

让不合适的人担任不合适的工作，除了会限制人员本身才能的发挥之外，还有可能导致该岗位的工作无法顺利开展，如果是涉及安全、财产等关键岗位，还有可能发生事故，造成财产和人员的损失。

阮丽霞是一名从事文艺工作多年的老演员，她工作的单位是县文工团，担任的职务是负责戏曲表演的副团长。

县文工团的办公楼建于20世纪60年代，经过几十年的使用，已经破旧不堪，不能满足办公要求。为此，经过上级批准，县文工团决定新修一座办公楼。但是由谁来负责这项工作，却成了个大问题。文工团的几位领导都是搞文艺出身，对于建筑上的事儿一窍不通。经过商量，团领导决定由一向清正廉洁的阮丽霞来担任基建办主任，负责这项工作。

阮丽霞接手基建工作之后，严控成本，对于相关单位的金钱贿赂和礼品往来，一律予以拒绝。但不幸的是，在办公楼建设当中，还是出现了事故。原来，在施工的过程当中，由于用电隐患，导致了火灾，造成了两死十伤的严重事故。施工公司承担了主要责任，阮丽霞则受到组织处理。

受到处理后，阮丽霞觉得很委屈。自己兢兢业业，不收受一分钱好处，努力工作，结果还是发生了事故，受到了处理。

阮丽霞的案例就是典型的人岗不匹配，让不合适的人坐了不合适的位置。不懂专业的阮丽霞尽管很努力，但由于专业能力上的局限，没有办法胜任基建办主任的职位。

如何能让合适的人坐上合适的位置呢？

首先，我们需要分析岗位的工作性质，列出岗位的胜任力条件，搞明白该岗位需要的是什么样的人，需要具备什么样的能力。

其次，我们要采取综合手段，对岗位候选人进行测评。测评的方法包括候选人过往的工作经历、教育背景、专业技术能力及个人品性等。

最后，请将不如激将，美的公司的用人之道告诉我们，采取岗位竞聘的方式选择出来的岗位人选，其工作积极性与工作能力通常会比被动聘任的人员高很多。

【互补】让不同的人才优缺点互补

尺有所短，寸有所长，每个人由于其成长的环境、受教育的程度及工作经历的影响，不可能什么都懂，什么都擅长。有的人精于专业技术，他在与人沟通方面，就可能有所欠缺；有的人勤于实干，那么他的战略眼光可能就不够长远。即使是各方面都没有短板的“通才”，也只是知识面和技能比一般人多一些，不可能做到每一样都精通。因此在实际工作当中，我们经常会让不同的人才优缺点互补，有句玩笑话叫做“男女搭配，干活不累”，其实也是基于这方面的考虑提出的。

“桃园三结义”的故事，大家可谓耳熟能详。

刘备拥有两个勇武过人的结义兄弟，关羽和张飞，后来又招募了“长坂”英雄赵子龙，三个属下都有“万夫不当之勇”。但是刘备始终处于颠沛流离的状况。先占领徐州，被曹操打败；后来占领汝南，又被各个击破，甚至连两位夫人都保不住。

其原因何在？原来关、张、赵虽勇，却都只是将才，谋略不通，不能从整体上把握大局，发挥最大的作用。

后来，刘备“三顾茅庐”，请出了谋略无双的诸葛亮，这才实现了优势互补。先定荆州、后取巴蜀，鼎定了蜀汉的霸业。

又比如在制造了原子弹的“曼哈顿工程”中，人才的搭配组合也充分考虑了优缺点互补。原子弹计划是由当时世界科学界的泰斗爱因斯坦提议的，按照常理来说，该工程的技术领导人非他莫属，可是美国政府却选中了另一位并不突出的物理学家奥本海默。爱因斯坦虽有卓越的科研才能，但生活上非常迷糊，有时连回家的门也找不到，而奥本海默在科研上虽无法与爱因斯坦相比，但他有着出众的组织才能。事实证明这种组合是正确的，几年之后原子弹爆炸成功了，这可以说是爱因斯坦和奥本海默的合理组合才使人类跨入了原子能时代。

无论是诸葛亮与关、张、赵的“谋臣武将”组合，还是爱因斯坦和奥本海默的“组织与研发”组合，都是经典的人才优缺点互补才发挥了巨大的作用。但并不是优缺点互补的人才在一起就一定能产生“1 +1 >2”的互补效果，有时候也可能是“1 +1 <2”，甚至结果为负。

张华是一个老员工，已经在公司里工作了八年。八年来，张华勤勤恳恳，努力工作，取得不小的工作成绩，也得到了大家的认同。

最近，公司开辟了新的业务，安排张华负责这块业务的市场拓展工作。但是几个月过去了，新业务拓展的情况并不理想。原来，张华擅长内部管理，而搞销售、开拓市场并不是他的强项。

鉴于此，公司从外部高薪聘请了一位业绩卓越、能力很强的市场经理来负责公司的新业务，由张华担任副手，配合新来市场经理的工作。新来的市场经理姓李，还不到三十岁，是个参加工作不到五年的年轻人。见到自己的新上司竟然是个毛头小伙子，张华不乐意了。张华一改往日敬业的工作态度，办事拖拖拉拉，还私下里和同事讲李经理的坏话。

由于张华的不配合，李经理在市场部的工作开展得也不太顺利，大大出乎大家的预料。

李经理与张华的优缺点很明显，如果精诚合作，必定能够实现互补。但是由于张华的不配合，导致了内耗的产生，1+1的结果小于了2。

如何合理搭配人才，使人员的组合实现优势互补，发挥1+1大于2的效力呢?

首先，要根据工作的性质，设定合适的岗位，再选择合适的人员来从事该岗位的工作，所谓“因事设职，因职设人——人岗匹配”就是这个道理。比如技术研发的工作，就应以专业技术岗位为主，少量的管理岗位为辅，以一批年富力强、技术扎实的专业技术人员与少量内外通达、精通管理的职能人才组合来完成。

其次，人才组合要注意性格、年龄、性别、品行上的互补和搭配。比如中年人经验丰富，优点是稳重而坚持，年轻人精力旺盛，初生牛犊不怕虎，勇于开拓和创新；男士坚强、有力量，女士乐观、有活力。这时要根据工作的特点，综合考虑，善于人才搭配。

最后，人才搭配要有主有次。蛇无头不行，任何一项工作都应该有且只应有一个核心领导者，多头管理或者多头领导，往往导致责权不清、内耗重重。上文中李经理和张华的案例，就是因为张华在企业中的老资历导致他形成了对市场部的潜意识领导，从而导致工作无法正常开展。

【聘用】缓慢雇佣，快速解聘

企业是近代以来出现的，以盈利为目的组织。在企业组织当中，我们从事任何一项工作、设置任何一个岗位的目的，都是为了盈利。这就导致了我们在设置岗位、雇佣人才时所遵循的原则必然是“因事设职，因职设人——人岗匹配”，不能没有工作就去设置岗位，也不能没有岗位就增加人员，同时也不能为了增加人员而增加人员，必须是增加与岗位要求匹配的优秀人员。

当我们准备雇佣一个新员工时，我们要遵守“缓慢雇佣”的原则，这个原则有两层含义。

第一层含义是需要雇佣新员工的原因是出现了一项新的工作。

当某一项新的工作出现之后，我们首先应该考虑的是两个问题：

首先，该工作是否有完成的必要？也就是执行该工作任务，能否直接或者间接为企业带来效益，如果答案是肯定的，那么我们可以进入第二步。

其次，该工作的具体情况是怎样的？工作性质是否与现存的某项工作类似或者接近，工作量是多还是少？是否暂时可以不用增设新的岗位？如果工作性质与现存的某项工作类似或者接近，是否可以由从事类似工作的岗位人员来完成？工作量如果较少，是否可以指定类似岗位人员完成？工作量如果较多，是否可以将该工作分拆，然后由现有人员完成？

第二层含义是通过“缓慢”的招聘，尽可能地找到足够优秀的员工，这也是“缓慢招聘”通常意义上的解释。

F公司是一家专门从事移动互联网应用的企业。公司的技术和业务都是非常尖端的，以至于公司的管理者上一秒钟还在考虑如何就某一个方面的产品成立研发小组，下一秒钟，更为先进、更为划时代、更为颠覆理念的新产品就已经出现，而不得不抛弃旧有的，拥抱新鲜的，这使得F公司在处理任何事情的时候，都有一种雷厉风行的作风。

最近F公司准备在一种眼球智能定位产品上重拳出击，这是一种在以前只存在于科幻电影当中的产品。为此，公司在招募研发这款产品的人才时，除了要求应聘者具有扎实的技术之外，还必须拥有超前的思维，要能够预见到未来数年产品可能的发展和更新。显而易见，这种人才可遇而不可求。

凑巧的是，招聘启事刚一发布，就有了一名工程师M来应聘。经过几轮测试之后，M被录用了，虽然M要求的薪水远远超出市场水平，并且在个性上有一些独特，但考虑到人才需求的迫切性以及特殊人才总是有个性的，公司认为还是值得的。

M工程师很快投入了工作，但是在实际工作中才发现，M虽然技术高超，想法独特，但对于眼球智能定位方面还是有一定欠缺的，但人已经招进来了，不能因为这个原因就辞掉吧？

让F公司管理层感到郁闷的是，M入职后的几周内，又出现了几名更为优秀的候选者，但此时F公司已经进退两难了。

很多时候，企业在招募人才时，都是非常急迫的，所需的人才也非常罕见，属于可遇而不可求的状态。一旦遇到合适的人选，我们就会立刻招募。但实际上，如果我们在招募人才的时候，能够“缓慢”一点，就有可能拥有不同的选择。当然，对于确实适合的人才，只要我们考察人才的手段足够充分有效，还是可以考虑第一时间招募的。

与“缓慢雇佣”对应的，是“快速解聘”。解聘员工的原因有很多，但不外乎以下两种：

第一种，原有的工作任务没有了，该岗位的员工无法实现转岗，这是客观的原因。

第二种，员工工作不力，绩效严重低下，需要解聘，这是主观的情况。

无论是哪种原因，我们在解聘的时候都要快速，原因有两个：

原因一：成本上的考虑。如果这名员工已经不能或者预期不能为企业创造价值，那么他的存在实际上就是在增加成本。犹豫的时间越久，解聘的周期越长，成本就越高。为了不违背企业盈利的终极目标，还是尽快解聘为好。

原因二：对于工作不力的员工，除了显而易见的成本上的因素之外，如果不能快速解聘，将会导致优秀的员工士气低落，破坏企业的公平与效率，并使得公司的规章制度最终沦为摆设，为了维护公司的正常运行，还是快刀斩乱麻为好。

第四章
火眼金睛鉴英才——选人的眼光

【准备】面试官也要备课

应聘者太多，能力都很强，挑选的时候无法取舍，面试成功率低，这是很多管理者都会遇到的问题。如何去伪存真，识得千里马，找到适合招聘岗位的人才，是每一个面试官都需要认真思考的。

陈东华从技术人员岗位做起，在公司供职5年了，由于做事兢兢业业、认真负责，又肯努力钻研，所以得到了公司领导的赏识，将他提升到了管理岗位。随着陈东华的提升，公司原有的技术岗位出现了空缺，公司领导决定由陈东华负责招聘合适的人员来填补空缺。陈东华在技术上是一把好手，但搞招聘还是第一次。他面试了好几个人，都不满意，最后好不容易选中了一名候选人，但试用一周后，他发现候选人不能与同事建立融洽的工作关系，被迫中止试用。关键的技术岗位迟迟不能找到合适人选，为了不影响生产，陈东华只好自己顶上，新岗位的工作还不能耽搁，这让陈东华非常着急，不知如何是好。

陈东华的情况并不罕见，很多企业的岗位都是由该岗位的直属管理者来负责招聘，这些管理者在自己负责的业务领域确实很强，但是搞招聘，当面试官却未必擅长。因为他们更多的是从应聘者的业务能力上着手，而没有综合考虑应聘者的求职动机、与岗位的匹配程度、个人品性以及应聘者的简历真实性等。更为重要的是，这些管理者通常都是将面试作为一项临时性的工作，并没有从思想上加以重视，更不用说进行面试前的准备工作了。

第二次世界大战结束后，工业心理学获得了长足的发展。过去六七十年间，工业心理学者的调查研究发现，没有经过仔细策划和准备的招聘面谈，其平均的预测效度只有约 0.14，是常用招聘方法中预测效度最低的方法。

常用招聘预测效度调查结果表

测量方法	预测效度
传统招聘面谈	0.14
性向测量	0.22 – 0.33
评量中心	0.25 – 0.43
工作模拟测验	0.24 – 0.54

预测效度越低，意味着挑选错误的可能性越大。那么如何提高招聘的预测效度呢？

M 先生是一家世界 500 强企业的招聘主管，有多年的人力资源工作经验，他对招聘非常在行。

每次进行面试之前，M 先生都会进行充分的准备。

首先，他会对拟招聘的岗位进行工作分析，了解岗位的工作性质、工作条件，对人才各方面的能力要求等，全面地掌握工作岗位的相关信息，制作出对应的工作说明书和岗位需求。

工作说明书一般包括工作目的、主要工作内容和工作条件等。

岗位需求则对该岗位人员的知识、技能、工作年限和经历、个人特质、兴趣、偏好、品行等关键胜任特征进行说明。

然后，M 先生会根据工作分析的结果，选取合适的面试方法，常见的有行为描述面试法、能力面试法和压力面试法。

这次 M 先生要面试的岗位是一位销售代表。这是一个流动性相对较强，但能力要求不低的岗位。

对于这个岗位，M 先生决定采用行为描述面试法，为此他进行了如下准备：

第一，通常对销售代表岗位来说，我们需要了解他曾经的销售业绩和销售技巧，也就是求职者的最佳工作表现和常态工作表现。由于销售业绩是历史事实，可以通过其他渠道精确获得，而销售技巧则没有记录可查，所以 M 先生决定重点考察销售技巧，为此选定的评量方式是工作模拟法，即让求职者向面试官现场进行销售模拟。

第二，M 先生又草拟了发问范围及刺探问题，他准备了一个提问表，以比对求职者的情况与岗位关键胜任特征。

销售代表面试问题表

序号	求职者特征	问题
1	责任感与归属意识	1. 请描述一下你以往所就职公司中你认为最适合你的企业文化特点。 2. 当你所在的集体处于竞争劣势时，你有什么想法和行动？

续表

序号	求职者特征	问题
2	情绪控制力	1. 你有没有过失业或暂时待业经历，谈谈那时的生活态度和心情状态。 2. 你有没有过在感情上的失败或不顺利经历，它对你那时和现在的生活有什么样的影响? 3. 假如你喜欢上了一个人，但你对他（她）表白后受到拒绝并说你们是不可能的，拒绝的原因是他（她）已有女（男）朋友，但他（她）也并不讨厌你，接着你将采取什么行动? 4. 假如在公众场合中，有一个人有意当众揭你的短处或你的隐私，你怎样去处理?
3	领导与指挥能力	1. 在长途旅行的火车或飞机上，你不认识周围的人，大家都在沉默，你是如何去适应这种陌生环境的? 2. 在你以往的工作中，是如何去约束部属的，是如何去调动他们积极性的?
4	计划与控制	1. 你来面试的过程中有没有想过整个过程? 说说你先前是如何打算应对这场面试的，包括各个阶段。 2. 说说你对下属布置的任务在时间方面是如何要求的?
5	决策	1. 你对一个紧急决策项目收集了八成信息，下一步你倾向于如何去做? 2. 说说你是怎样理解决策方案中的“最优”与“更优”的关系，它们对你的决策思想有怎样的影响?
6	上进心与自信心	1. 谈谈你认真追求过的一件事或一个人，并说说过程和结果。 2. 谈谈你最近的“充电”经历，并说说它对你的益处。 3. 谈谈你怎样看待游戏中的输赢。

经过充分的准备，M 先生驾轻就熟地从十多名候选人中挑选出了两名合格者，推荐给了销售部门。出人意料的是，由于 M 先生选择的两名候选者，都很适合公司的要求，销售部门竟然修改了招聘需求，将两名候选人纳入了试用期。

一次简单的面试，M 先生因为做了充分的准备工作，在面试过程中他才能做到有的放矢，挑选出合适的候选人。工作之中无小事，作为管理者，在招聘新员工，为公司引入新的血液的时候，更应该做足万全准备，见微知著，炼就一双“火眼金睛”。

【眼光】好的求职者也许不善言辞

F公司是一家新型的生命科学技术企业。公司最近获得了注资，准备研发基因遗传产品，为此公司准备招募几名该领域的专家。

在专业的招聘网站发布招聘简章之后，挑选出了几名候选者。

第一位应聘者是M先生。M先生毕业于国外一所知名学府，获得了生命科学专业博士学位，曾经在该学府的遗传科学实验室担任了三年研究助理。M先生理论知识丰富，而且由于在国外工作、生活过一段时间，沟通能力很强。在几轮面试环节当中，与面试官交流非常顺畅。M先生的不足之处是一直从事基础方面的研究，在将研究转化成具体产品方面经验不足，而且要求的薪水待遇非常高，远远超过了公司在这方面的预算。

第二位应聘者是N女士。N女士是在外资企业中从事过相关产品研发的资深人士，在行业中已经有10年的工作经验了，曾经担任过一些小型研发项目的负责人。N女士的优点是有一定的工作经验，缺点是学历不高，仅拥有国内某大学的本科文凭，在深层次的理论知识上有较大缺陷。

F公司负责技术的总监在和M先生、N女士进行面谈之后，认为两人各有优缺点，还不是最理想的人选。于是HR经理向技术总监推荐了第三名候选人Z先生。

Z先生38岁，毕业于国内一所知名学府，同样拥有相关专业的博士学位，而且在基因遗传研究领域也有多年的工作经验。Z先生一进入会议室，发现参与面试的考官有五人之多，他顿时有些不自然，回答起问题来也是结结巴巴的。技术总监详细询问了Z先生一些专业问题之后，就结束了面试。

面试结束后，公司参与面试的几位负责人进行了激烈的讨论。有倾向于M先生的，也有倾向于N女士的，而技术总监却选择了Z先生。

其他面试官对于技术总监的选择都有些不解，说话都结巴的人能做好负责人吗？技术总监解释道："我们要招聘的是研发部分的技术负责人，考察的是候选人是否有扎实的理论基础和丰富的实践经验，在这一点上Z先生拥有M先生和N女士所不能比拟的优势。表达能力虽然重要，但不是研发岗位的关键胜任力特征。"

技术总监力排众议，最终录用了Z先生，而Z先生在随后的工作当中，也不负众望，很快在基因遗传产品研发上取得了重大进展。

几乎对于所有的岗位来说，表达能力都是一个重要的考察指标，但并不一定所有岗位都需要表达能力很强。对于企业来说，评判一个岗位的求职者是否是"好"的，关键要考察这个求职者是否能够满足该岗位的关键胜任力指标。上面的例子中，Z先生应聘的是研发部技术负责人，他的岗位关键胜任力指标如下表。

岗位关键胜任力指标

序号	指标名词	说　明
1	创新能力	学以致用、创新意识
2	团队合作	团队合作、部属培育
3	客户服务	服务意识、有效响应
4	学习能力	学习意愿、学习策略
5	压力承受	抵抗压力、缓解压力

表达能力并不是他的关键胜任力指标，因此并不影响他从事该岗位的工作，并做出卓越的成绩。

从古到今，不善言辞，但能力不凡的人士大有人在。

三国时期，魏国武将邓艾口吃，与人说话时常常连字都说不清，曾因此被司马昭戏弄。但邓艾在战争中目光远大，见解超人，具有难得的战略头脑。他在作战中料敌先机，始终能掌握战场的主动权，在与姜维的数次交战中未尝败绩。其偷渡阴平一役，堪称中国战争史上历次入川作战中最出色的一次，已作为军事史上的杰作而载入史册。

后世之人也多对邓艾敬重有加。公元 782 年（建中三年），礼仪使颜真卿向唐德宗建议，追封古代名将六十四人，并为他们设庙享奠，当中就包括“魏太尉邓艾”。同时代被列入庙享名单的只有张辽、关羽、张飞、周瑜、吕蒙、陆逊、陆抗而已。及至公元 1123 年（宣和五年），宋室依照唐代惯例，为古代名将设庙，七十二位名将中亦包括邓艾。在北宋年间成书的《十七史百将传》中，邓艾亦位列其中。

为什么许多有能力的人，并不一定善于言辞呢？由雷蒙德创始的大五人格理论认为：不善言辞和人的智商之间并不存在线性关系。之所以会出现有些人不善言辞，除了天生的性格之外，与人在不同生活环境中形成的差异性人格导致的个人语言逻辑与大众的同步情况有关。简单说，就是由于生活环境的不同，导致有些人内向、有些人胆小、还有些人不喜欢与人打交道，进而导致个人说话少，语言能力没有得到有效训练，进而导致不善言辞。但是语言能力不强的人，通常在动手能力、创新思维等方面有不凡的潜力，这也是为什么往往求职者不一定表达很顺畅，但是其实际工作能力有可能很强的原因。

【主见】不要被求职者的简历牵着鼻子走

互联网的普及，使我们在招聘的时候，有了更多的选择。当一个职位的招聘简章发布之后，我们往往能在非常短的时间内，收到海量的简历。如何透过表象看实质，不被求职者的简历牵着鼻子走，是每个企业在人才招聘的时候，都会遇到的问题。

首先，要避免选中假简历。

2010年7月，中国第一职业经理人、“打工皇帝”唐骏被以打假出名的科普作家方舟子指证唐骏的“美国加州理工大学计算机科学博士”学位和“卡拉OK打分、大头贴照相机”两项专利以及个人创建公司的经历均系造假。为此，唐骏声誉大受打击，2012年6月，唐骏在北京大学的一场讲座中为“学历门”事件道歉。

当今社会，不唯商品造假，简历也出现了很多造假的情况。为此，我们在招聘的时候，必须学会辨别真假简历。简历造假，不外乎在学历、证书、工作经历及担任职务方面造假。对于学历，我们在学信网等网站中就可以查询真伪。对于工作经历和职务，则可以通过时间衔接、职位与工作经历之间的逻辑关系、公司规模等方面进行判断。一般来说，对于正规的大中型以上公司，工作年限在三年以内的基本都是助理岗位，三到五年的为主管岗位，至于说知名企业的经理以上职位，则通常会要求八到十年以上的相关工作经验才能担任。对于一些关键岗位，还可以采取职业背景调查的方式予以取证，取证的内容包括时间、职位、工作表现等。

其次，除了少数的假简历之外，大多数的简历都是真实的。但也只是“相对”真实。因为求职者在简历中只会把自己最好的一面展示给公司看，而对于自己的缺陷、不足以及不太光彩的经历却加以掩藏，这时候我们就要从人才需求岗位的特点出发，找出关键点是否匹配了。常见的关键点包括：求职者工作经历是否与需求岗位匹配？匹配度如何？简历所表现出来的求职者的个人特征，如个性、风格等。还有求职者的工作连续性问题，是否频繁更换工作等。

最后，在科学看待求职简历的基础上，把好测试关。

王先生是M公司的招聘主管，已经从事人员招聘工作八年了，通过与形形色色的面试者打交道，积累了丰富的招聘经验。

这次，王先生准备招聘的岗位是客服主管。应聘者是N女士，一位美女，有着五年的知名企业的客户经验，其中担任客服主管两年，自我评价是个性乐观向上，抗压能力强。

N女士就座后，双方进行了简单的寒暄，互相认识之后，就进入了正式的面试环节。

王先生先示意N女士简单地介绍一下自己的工作经历。

N女士显然早有准备，条理清晰、逻辑清楚地讲起自己的工作情况，加上悦耳的语调，搭配合理的手势，给人一种赏心悦目的感觉。

但王先生不为所动，就在N女士精彩陈述的时候，王先生突然打断了N女士，问了一个出乎意料的问题：“个人经历就先讲到这里，如果可以的话，您是否可以谈下最近一次个人感情上的挫折?”

N女士没有料到王先生会提到如此尴尬的问题，情绪明显有些波动，但她还是回答了王先生：“这个问题不太方便，请换个问题吧。”

王先生并没有打算就此收手，而是继续提出了好几个出人意料的问题，比如如何看待失业、在工作中是否有被人敌视的情况，等等。

王先生的咄咄劈人，最终让N女士情绪失控，当场哭了起来。陪同面试的助理小张急忙站起来给N女士递纸巾，并送出办公室。

送走N女士后，小张回到办公室，脸上带着质疑的表情看着张先生。对N女士的遭遇，同为女性的小张深表同情。

王先生这时才笑着对小张解释道：“我们要招聘的是客服部主管，需要面对的是不同的客户。有的客户甚至有可能对客服破口大骂，如果没有极强的心理素质，是无法胜任该岗位的。N女士在简历中自我评价为乐观向上，抗压能力强，我正是针对这点展开面试的啊。”

小张听了之后恍然大悟，顿时对王先生佩服起来。

对于初步筛选符合条件的应聘者，我们不能被简历牵着鼻子走，而是要做好充分的测试。根据具体工作岗位的不同，测试分为笔试和面试两种，或者实操测试和面试两种。不管应聘者在简历上说得如何天花乱坠，还是要在笔试或者实操当中，展示一下实际能力。然后，通过针对不同岗位而编制的结构化面试问题表，把握住面试的节奏，让面试者尽可能地展示出真实的情况，最终做出合理的判断。

【经验】英雄不问出处，学历和资历并不是最重要的

文凭制度始于何时已经不可考，但发展到今天，已经成为公众普遍认同的一种衡量标准。通过文凭，我们能够大致衡量一个人的学习能力。中国的大学教育制度很多年以来，都是千军万马过独木桥，能够在众多的竞争对手中脱颖而出，考上一所名牌大学，本身就是能力的表现。在有文凭的人当中，挑选出精英的可能性，相对其他方式筛选的结果要大得多。但随着时代的进步和教育的发展，拥有文凭的人越来越多，人们成材的渠道越来越广，仅仅依靠文凭来一锤定音，已经开始显得有些不合时宜。

面对这种新情况，企业在人才选拔的时候，也需要作出改变。在这个方面，华为的用人观念给了我们一个很好的参考。

提起华为，职场中人大约无人不知，无人不晓。华为手机、华为电脑、华为通信……然而在二三十年前，华为也才刚刚起步。1987 年，因工作不顺利，任正非集资 21000 元人民币创立华为公司。创立初期，华为靠代理香港某公司的程控交换机获得了第一桶金。1992 年，任正非孤注一掷投入 C&C08 机的研发，并于 1993 年年末研发成功。其价格比国外同类产品低 2/3，为华为占领市场打下了基础。随后华为的发展一发不可收拾。26 年后，这位当年的“二道贩子”已经让华为立足于世界级电信制造企业之林。2013 年《财富》世界 500 强中华为排行全球第 315 位。

华为能够在这么短的时间内，成长为世界500强企业，与他们的用人之道是分不开。华为用人时，重视个人品行和实际工作能力，不唯学历。华为选拔管理者有六条原则：

1. 管理者要具备踏实的办事能力、强烈的服务意识与社会责任感，能够不断提高自身的驾驭与管理能力。

2. 管理者要具备领导的艺术和良好的工作作风。

3. 要站在公司的立场上综合地选拔，而不能站在小团体、小帮派的立场上选拔管理者。

4. 管理者必须具有培养超越自己的接班人的意识，具有承受变革的素质，这是企业源源不断的发展动力。

5. 公司对候选的管理者要进行深入的了解与沟通。

6. 学历再高，如果没有实践经历，也不可能成为一个合格的管理者。

尤其是第6条，还特别进行了规定：凡没有基层管理经验，没有当过工人的，没有当过基层秘书和普通业务员的，一律不能提拔到管理层，哪怕是博士也不行。

华为在多年的经营管理实践当中，摸索出了一套行之有效的用人规则。他们并不是不重视学历。事实上，每年华为进行校招时，选择的都是名牌大学。进行社会招聘时，也重点关注求职者的第一学历。但华为并不把学历作为决定性因素加以考虑，而是重点考察人才的素质、能力以及是否能够契合华为的企业文化。

除了文凭，过去企业在用人时，也会将资历作为一个重要的指标。曾几何时，在企业当中，论资排辈是一种常态。同样的，随着科技发展的日新月异，人们的文化水平、综合素质越来越高，再以资历定高低就不太合适了，年轻人干出大事业来的例子更是举不胜举。

恒天公司是一家无纺布生产企业。20 世纪 90 年代以来，公司抓住机遇，积极参与国际贸易，以一次性无纺布产品打开市场，获得了长足的发展。

但在平稳发展了二十余年之后，国内劳动力成本持续上升、后续劳动力补给断档、国外传统市场参与同类产品生产竞争，将无纺布产业逼至岌岌可危的境地。

在这种情况下，公司面临艰难的抉择，是裁员降薪，减少成本来增强竞争力？还是进行技术革新，将产品升级换代来打开新的局面？经过慎重考虑之后，公司决定引进新的生产技术和生产线，从根本上提升企业的竞争力。

在由谁来主导这次的技术革新上，公司领导层出现了分歧。

候选人有两个，一个是公司刚成立就加入公司的老侯，另外一个是进入公司刚满 2 年的小郑。老侯 45 岁，是现任车间主任，在恒天的资历最老，公司有一半的中层干部都是老侯的徒弟。小郑 28 岁，是车间副主任，工作认真负责，大家也很认同。

经过激烈讨论之后，公司领导最终还是选择了小郑来负责这次改革。根本原因是这次改革的技术和生产方式都是以前没有的颠覆式革新，老侯虽然资历够老，但是守成有余，创新和开拓不足。而小郑就不同，思想活跃，敢打敢拼，勇于接受新事物，再加上本身技术扎实，踏实肯干，不怕苦，不怕累，正是这次变革最合适的领导者。

事实证明，选择小郑是对的。小郑接手领导工作后，采取了一系列行之有效的措施，很快就将新技术转化为生产力，将新的生产线彻底掌控，公司很快开辟了中高端产品市场，获得了良好的业绩。

英雄不问出处，学历和资历并不是最重要的。只要有能力，可以为企业创造更大的价值，就要大胆启用。

【潜质】关注应聘者的潜质

每年到了 12 月的时候，国内外知名企业就会派招聘团队前往各大高校，网罗人才，将应届毕业生中的佼佼者收入囊中。有时候，为了争抢一些优秀的毕业生，企业还会提高录用条件，为毕业生解决后顾之忧。那么，这些企业招募应届生的原因是什么呢？是因为应届生能力很强？还是应届生薪水成本比较低廉？答案都不是。企业之所以要招募应届生，是因为应届生可塑性强，有培养价值，可以作为企业的后备人员来培养。简而言之，是企业看中了应届生的潜质。

何谓潜质？潜质就是个人潜藏的还未被开发出来的优秀素质，这些优秀素质可以是领导素质、创造素质、运动素质，等等。对于企业来说，在招聘的时候，除了要关心应聘者已经表现出来的素质和能力之外，还要关注他们的潜质，以期为企业找到能够在当前和未来做出最大贡献的人才。

百安居（B&Q）是世界第三、欧洲第一的大型国际装饰建材零售集团，隶属于世界500强企业之一的英国翠丰集团。自 1999 年进入中国内地市场以来，百安居以“产品、服务、保障”为市场定位，不断提供令人兴奋的购物环境与耳目一新的购物体验，在很短的时间内就成为国内建材连锁超市的第一品牌，并且在北京、上海、大连、深圳、广州等全国大中型城市设立了数十家门店。

百安居的成功不仅仅是商业运作的成功，更是人力资本管理和运作的成功。他们在进行人才招募的时候，并不把相关的专业经验视为第一条件，并不要求员工能够立刻走马上任，而是更加关注应聘者的潜质，如员工是否有潜质成为部门经理或商店总经理，是否有能力承担更大的挑战等。员工进入公司后，百安居会想方设法地通过各种手段来发掘员工的潜力，如各式各样的培训、针对性的职业规划、内部选拔等。

在这种用人模式之下，作为一个人才流失率本应非常高的零售业企业，百安居的人员流动率却一直保持在一个很低的水平上。在百安居中国分支的五千多名员工当中，外国人仅有 7 个。而且该公司从其他竞争对手那里挖过来的人也不多，绝大部分的员工都是百安居自己培养的，百安居率先在业内实现了人才的自给自足和本土化，这在世界范围来说，都是一个了不起的成就。

百安居关注员工的潜质，重视挖掘员工的潜质，并且始终把开发员工的潜质作为企业发展的一件大事来抓，最终取得了骄人的人才培养成果。再次说明了在招聘时，关注应聘者的潜质是一件非常重要的事情。

那么，在招聘的时候，我们该怎样做，才能透过表象看实质，发现求职者的潜质呢？

美国著名心理学家麦克利兰于 1973 年提出了一个著名的素质冰山模型，所谓“冰山模型”，就是将人员个体素质的不同表现方式划分为表面的“冰山以上部分”和深藏的“冰山以下部分”。其中，“冰山以上部分”包括基本知识、基本技能，是外在表现，是容易了解与测量的部分，相对而言也比较容易通过培训来改变和发展。而“冰山以下部分”包括社会角色、自我形象、特质和动机，是人内在的、难以测量的部分。它们不太容易通过外界的影响而得到改变，但却对人员的行为与表现起着关键性的作用。

我们要关注的潜质，就包含在每个人“冰山下的部分”。对于“冰山下的部分”，我们可以采用一些测评工具和模型来加以判断，如宝洁的胜任力模型、Lomiger 学习敏锐度模型等。

Lomiger 学习敏锐度模型提出了心智敏锐度、人际敏锐度、变革敏锐度、结果敏锐度和自我认知这五个识别高潜力人才的维度。

在这五个维度中，心智敏锐度是潜力的基础，它在职业生涯开始之前就已经初步形成，可以看作是“冰山以上的部分”。

而剩下的维度，针对的就是人才的潜质，如人情、人际、变革和创新等。敏锐度越强、维度越高，说明人才的潜力越大，被培养的价值也越高。

结合测评工具和模型得出的结果，将人才分配给对口较强的部门，继而进行针对性的培训和培养，持之以恒的开发和挖掘，必将能够做到“人尽其才，才尽其用”。

【素质】考察人才的综合素质

随着社会的发展，教育事业的进步，各式各样的人才层出不穷，企业在用人的时候，也有了更多的选择。由此带来的结果就是，用人单位不光要关注人才的专业知识技能，还会考察人才的综合素质。

华光公司是一家国内知名的微电子生产企业，随着公司业绩的提升，公司对于人才的需求量也在逐步扩大。这次公司总部决定在西部地区开设分公司，人力资源部的陈经理奉命到成都进行现场招聘。

今天陈经理要面试的是销售人员。经过几轮筛选，有两个小伙子进入了陈经理的考察范围。

第一个候选人叫陈东平。陈东平大学毕业后一直在微电子行业内做销售，至今已有 6 个年头，曾经为 2 家企业工作，目前是第 3 次找工作。陈东平的优点是对微电子产品销售非常熟悉，张口就能讲出各个厂家产品的优劣。

第二个候选人叫曾卫国，是一名电子技术专业毕业的大专生，同样在微电子行业工作了 6 年，但主要从事的是微电子生产工作。曾卫国的优点是对微电子产品本身非常熟悉，从原材料、生产到包装运输的环节都很了解。

两个候选人各有优劣。于是陈经理在最后分别向两位候选人提出了三个问题。

问题一：从上一个单位离职的原因？

陈东平的答案是上一个单位的销售政策不佳，希望能够寻找更好的工作机会；曾卫国的答案是因为觉得自己在车间已经待了6年，继续下去没有发展前途，而本身又希望能从事销售工作。

问题二：晚上空余的时间都干什么？

陈东平的答案是基本都在家里陪家人；曾卫国的答案则是除了会经常与朋友聚会之外，其他时间都在学习销售和管理的书籍。

问题三：如果之前所说的离开上一个单位的原因都没有了，是否愿意回到原单位？

陈东平的答案是可能会考虑一下。曾卫国的答案则是愿意。

凑巧的是，两位候选人在面试的时候都有电话打进来。陈东平接到的是以前客户的电话，他礼貌地告诉对方，自己已经离开原公司后就将电话挂了。曾卫国接到的电话是原单位同事询问技术问题的，他说稍等会给回复，如果不行晚上会回去帮忙解决。

最终，陈经理放弃了陈东平，选择了曾卫国，原因如下：

首先，陈东平虽然熟悉销售，但是几年的时间中，更换工作的次数多，而且离职的原因是希望寻找更好的待遇。这本身没有错，但是侧面反映了陈对企业的忠诚度不足。而曾卫国则不存在这样的问题，不仅如此，曾卫国甚至愿意在原单位经营改善的情况下回去，说明曾卫国对于企业是有感情的。

其次，陈东平在空余时间主要是陪伴家人，而曾卫国除了经常和朋友聚会外还会看书学习，说明曾卫国的情商不低而且有学习进取的欲望。

再次，陈东平对待以前的客户礼貌而不亲近，而曾卫国则愿意花费空闲时间帮助原来的同事，在责任心上曾卫国明显胜出。

所以，虽然陈东平在表面上看有着丰富的销售经验和知识，但从综合素质和发展潜力来看，曾卫国要更加优秀。

一个人的素质包括很多方面，对于企业来说，需要关注的素质包括领导能力、计划能力、执行能力、沟通能力、责任感、创新能力、忠诚度等。综合素质越强，可培养的价值越高，能够给企业带来的利益也就越大。比如计划和领导能力强的，可以向管理岗位培养；沟通能力强的，可以做内部协调与外部销售工作；创新能力强的，可以领导研发部门或者从事开拓性的工作。其中，与每个企业的文化理念和价值观对应的素质有责任感、忠诚度等，是每个企业都要重点关注的，正如宝洁公司胜任力模型中所提到的，是公司的核心胜任力素质，是每个员工必备的前提素质。

那么，对于人才的综合素质，该如何关注、测量和判断呢？前面提到过的宝洁的胜任力模型、Lomiger 学习敏锐度模型都是很好的工具。此外，MBTI、DISC、九型人格等也是可以借鉴的方法。

九型人格，又名性格型态学、九种性格。它包括活跃程度、规律性、主动性、适应性、感兴趣的范围、反应的强度、心理的素质、分心程度、专注力范围/持久性。现代管理学 EMBA、CEO12 篇及 MBA 等主要将九型人格应用在组织发展、人才招聘及甄选等领域。

此外，考察人才的综合素质，还在于根据人才本身特性，将其放到合适的岗位和工作上来，以做到“人尽其才，人岗匹配”，正如九型人格理论的一个核心论点所说的：“人们内在最深层的价值观和注意力焦点，不受表面的外在行为的变化所影响。了解了这些之后，可以让人们真正地知己知彼，帮助人们明白自己的个性，从而完全接纳自己的短处，发挥自己的长处；可以让人们明白其他人的个性类型，从而懂得如何与不同的人交往沟通及融洽相处，与别人建立更真挚、更和谐的合作伙伴关系。”

第五章
莫让“浮云”遮望眼——识人的智慧

【表情】让他的心底一览无余

人们常说“六月的天，孩子的脸——说变就变”，孩子们的脸看似变化迅速，但是和成年人的面部表情变化比起来，那就差远了。而且孩子脸上的变化是明显的、简单的，成年人脸上的变化却是微妙的、复杂的。成年人的思想可以表现出不计其数的、复杂而又十分微妙的表情，并且表情的变化十分迅速、敏捷和细致，可以真实、准确地反映情感与传递信息。那么企业管理者在人才识别过程中，不仅需要深厚的人生阅历和广博的知识积淀，还需要较强的辨识技能。对于企业管理者来说，应该学会表情识别，因为细微的表情变化可以让员工的心底一览无余，可以准确地判断出他的性格及内心的想法。

李娜是法律本科毕业的24岁女生，她听说现在工作难找，招聘信息铺天盖地，好岗位却是大海捞针，所以一开始她就把目标定得很低，没想到这也会失败。

面试当天，李娜把自己的简历熟悉了一遍，也没怎么准备就去了。到了现场一看，有几个应聘者已经到了，看样子都经过一番细心打扮，一个个嘴里念念有词，显然是在温习。看他们那个认真劲儿，李娜有了竞争的真实感。面试官有两位，看上去都非常严肃，被他们眼睛一盯，她就慌了神，头不由自主地低了下去，事先准备的说辞全忘了，脑子里一片空白。这时候比较年长的面试官让她作自我介绍，她几乎是把自己的简历背了一遍，语调就像一根直线，声音也发虚，表情僵硬，不断抿嘴、眼睛四处乱瞟。

另一个面试官问她应聘这个岗位的优势在哪里。这本来是个好机会，只要她把自己的特长、经验说清楚，胜出的概率还是很大的。可她偏偏一紧张，脸涨得通红，眼神恍惚，说话结结巴巴，两位面试官看着她直皱眉头，问了两个问题就叫她出去了。

李娜在面试中，面部表情过于丰富，向面试官透露的信息是紧张、缺乏信心、有事隐瞒、心理素质太差等印象，让面试官认为她不能胜任公司的工作，最终导致她此次面试失败。由此可见，人的表情是判断人物心理活动的重要参考依据。在生活中，一般所说的表情主要指发生在颈部以上的能反映内心变化的动作、状态和生理变化。

首先可以判断的是面部表情。人的面部处于人体首位，也是最暴露的部分，是人体传递情感信息的最重要的部分，是表达情感和态度的首要信息源。

微笑反映了一个人的真实情绪，产生于可以拉动嘴角向上的面颊肌肉。面颊肌强有力收缩时会拉长嘴唇，扯动整个面颊向上，使眼睛下的皮肤似口袋般松垂，同时使眼角下的鱼尾纹起皱。而假微笑不像微笑那样分布对称，眼睛周围的肌肉并没有随之一起运动，眼睛不会眯起。

识别谎言的一个关键线索就是假笑。说谎人的微笑很少表现真实的情感，更多的是为了掩饰内心的感情的缺乏。由于缺乏感情，微笑时人的神情显得有些茫然，嘴角上扬，一副愉快的病态假象。

假笑保持的时间能特别长。真实的微笑持续的时间只能在 2/3 ~ 4 秒之间，其时间长短主要取决于感情的强烈程度。而假笑则不同，它持续的时间比较长，同时会让人感到别扭。这主要是因为假笑缺乏真实情感的内在激励。

其实，除了一些强烈情感的展现如愤怒、狂喜外，任何一种表情如果持续的时间超过10秒钟，绝大部分都可能是假的。

假笑时鼻孔两边的表情常常会有些许的不对称。习惯于用右手的人，假笑时左嘴角会挑得更高，而习惯于用左手的人，右嘴角挑得更高。

其次，还可以从眼神中判断一个人的心理状态。有首歌唱道：“你的眼睛背叛了你的心。”很多情况下，眨眼的频率、眼珠的朝向、视觉方式的变换等都能够表达一定的心理内容。

人们交谈时，保持目光接触，敢于正视，表明彼此都不回避问题；企图逃避对方正视的目光则是害怕隐藏于内心深处的秘密被人看穿。

眨眼的动作也可以反映一个人的内心活动。一般来说，人们在注意力集中时很少眨眼。这是因为从大脑提取信息的过程需要受到视觉的影响。当一个人眨眼过多时，他的思维没有活动，相反，当他的眨眼开始放慢时，说明他正进入思考状态。面试官可以通过面试者的眨眼动作判断面试者是否在进行思考。

人的眼睛是受大脑交叉支配的。人的大脑分为左右两个半脑，左半脑处理空间、形象和整体等信息；右半脑处理语言、数学和理性的信息。

人在思考问题时，目光会向左右两边移动。目光向左移动的人可能是在使用右半脑处理信息。大约70%的人目光总是向一个方向移动，也就是说，一个人惯于左移还是右移目光可能不会总是变来变去的。因为人们一般在思考问题时才会移动目光。所以，如果面试官问一个不用思考的问题时，面试者也移动目光，那十有八九说明他不想轻易地说出这一信息，或者说他想撒谎；如果面试官问一个需要进行思考的问题时，面试者没有移动目光，那么说明他并没有进行创造性的思考而可能事先就已经准备好答案，知道面试官会问什么问题。

【双手】手势变化透露出内心的真实想法

在心理学领域，人的种种心理都能从千姿百态的双手手势中体现出来，通过手势管理者可以对一个人的性格特征和心理状态有一定程度的了解。

没有来得及找好下家就离开了原单位的郭奕，这段时间正在急急忙忙地赶场面试。一天下午，他接到了两个面试通知，都是他比较喜欢的工作，于是把两家单位的面试一个安排在了上午，一个安排在了下午，中午还能吃个饭休息休息。

事有不巧，第二天早上，他的手机突然罢工，定的闹钟没有响，起来的时候已经是九点二十了，他急急忙忙地洗漱、整理面试用品，到了面试的公司已经是十点半了。他刚坐下，气还没喘匀，人力资源部经理就走了进来。还没谈两句，该公司副总又走了进来。郭奕的紧张情绪一下子就到了顶点。介绍自己的工作经验时不时地摸自己的鼻子，尽管自己没有感冒，也不觉得鼻子有多痒。他明显感到那个副总脸上的表情是晴转多云，可自己一点办法也没有，本来昨天做了一些面试准备功课，可早晨一慌乱，全忘了，现在的他脑子里一片空白。不久，头上就冒汗了，自己顺手擦了一下。

副总和人力资源部经理耳语了两句，对郭奕说："你们先聊，我出去了。"郭奕有些僵硬地笑着起身打招呼。剩下的面试简直就是在走过场，对方问了他几个无关痛痒的问题，就匆匆结束了面试，还很客气地说让他等通知。郭奕自己心里明白这不过是客套话，连他自己都已经不抱任何希望了。

一个人在说话的时候摸鼻子，给人的第一印象就是不自信。郭奕微不足道的小动作，给面试官留下负面印象，导致他在面试中“折翼”。不自然的手势，会造成人与人之间交往的障碍；优美动人的手势，会使人感到心情愉快；柔和温暖的手势，会让人不由自主地产生感激之情；坚持果断的手势，会让人感受到某种力量。手势已经成为企业管理者判断一个人心理很重要的一部分，它起着加强语言的力量、丰富语言的色彩等补充和说明的作用。有时候，它甚至能够作为一种独立而有效的语言进行使用。

小七接到了一家知名的高薪企业的面试通知。这让她既高兴又紧张，因为她从来没有面试的经验。她在图书馆里泡了好几个晚上，啃《面试轻松过关》《面试宝典》之类的书，看得头昏脑涨。

真正面试的那一天终于来到了。小七走进考场后才发觉，与她一同面试的其他五个人都是男生。考场是一个很小的会议室，中间是一张圆桌。考官坐在圆桌一边，她们几个人坐在另外一边。服务员拿来六杯水，其他几个男生直接拿起自己面前的水杯就开始喝。小七一转念，不对啊，几个考官都还没有水喝呢，我们怎么可以抢先呢？于是很有礼貌地双手拿着杯子轻轻递给离她最近的一个考官。

“还是女孩子心细啊！”坐在中间的一位考官说，另几个正在喝水的男生立刻窘住了，面面相觑。她暗暗自得，不忘对考官们露出谦逊的微笑。

几位考官介绍了公司运营方面的具体情况，也聊了聊各自的专业和对公司的想法。由于刚才的“喝水事件”，另外几个男生都比较拘谨，反倒是小七配合很得体的手势，和考官们谈笑自如。这时，坐在正中央的主考官突然问了小七一个意想不到的问题："你的简历上写着会跳舞，你会跳哪种舞呢?"她立刻懵了。小时候她的确学过一点舞蹈，后来就没再进行过舞蹈训练。她意识到自己的紧张，立刻调整情绪，手势动作依然得体自然，语调平缓地说："我很喜欢跳拉丁舞，有段时间没有练习，有些生疏。"面试官并没有就这个问题提出更深入要求，看她表现镇定自如，最后决定录用小七。

在面试的过程中，要看出一个人的紧张程度，是否撒谎，面试官可以通过面试者的手势多少进行判断。同样，在企业内部，管理者与员工随着谈话的深入，员工手部的动作减少了，那么员工可能就已经在说谎了，因为身体动作的降低可能因为对方正在说谎，正在把注意力放在监督谎言的语言内容上。同时在下意识里，人们觉得挥动双手会把自己的秘密泄露出去，于是在说谎时就很可能也不自觉地把手藏起来，放到口袋里，或者手指不停地动弹，用指尖轻敲桌面等。

当人们说谎后担心谎言被拆穿，都会表现得很紧张、焦躁不安，这时人往往就会将手背到身后以掩饰心神不定的心理状态，或者双手互相紧握着，或者是一只手握住另一只手的腕部以上的部位，握的部位不同，心情紧张的程度也不同。一般来说，握的部位越接近另一只手臂的肘部，紧张程度也就越高。当然，在面试中有很多面试者由于过于紧张，即使诚实地进行交流也会出现双手紧握的情况，所以面试管需要结合多种体态语言进行分析。

【坐姿】不同坐姿展现不同的内心活动

我国是礼仪之邦，最为讲究礼仪，从谈吐到衣着，由衣着到发式，由发式到举止，又从举止到眼神，几乎都有一套完整的礼仪规定。企业管理者可以在招聘过程关注对方的坐姿，因为一个人的坐姿可以体现出其性格和内心的活动。

国外一家公司准备聘用一名公共关系部部长。经笔试筛选后，只剩下七名考生，等待专业技能考试。考试限定每人在两分钟内对提问做出回答。每一名考生进入考场时主考官都会说：“请您把大衣放好，在我面前坐下！”其实考场内除了考官使用的一桌一椅外，什么也没有。考试时的具体情形是：有两名考生不知所措，两名考生急得掉泪。另有一人，听到提问，脱下大衣，搁在考官的桌上，然后说：“还有什么问题吗?”这五名考生都被淘汰了。

剩下的两名考生中，有一位考生的表现是：听到考官的要求后，眼睛一眨，把自己候坐的椅子搬进来，放于距考官1米处，然后脱下大衣，折好放在椅背，自己在椅子上端坐，双腿自然分开，手放腿上。当“时间到”的铃声一响，他即站起施礼，并说“谢谢”，退出室外，把门关上。考官对他的评语是：“不著一词而巧妙回答了试题；富于开拓精神，信心十足，加上笔试成绩优秀，可以录用为公关部长!”下一名考生听到要求后，环顾室内，椅子已经移到考官旁边，他看到椅子，对考官躬身施礼后将椅子搬到距离考官1米处，然后脱下大衣，端坐在椅子前半部分。考官对他的评语是："有一定的应变能力，但创新、开拓不足。彬彬有礼，能适应严格的管理制度，可用于财会、秘书部门。"

从上述案例可以看出，这家公司招聘员工，不仅仅看考生的临场应变能力，也从考生的坐姿判断考生是一个什么性格的人，适合做什么工作等。

如果面谈者将椅子转过去骑着坐。这样的人显得自信好胜，但内心的防御性多半很强，不太爱与人交心。

坐着的时候，喜欢抖腿的人。这样的人多数聪明，反应快，接受能力强，但不是很有耐心，内心有浮躁或焦虑的一面，有时给人不够稳重的感觉。

喜欢双腿张开坐且腿伸得很长的人。这种人一般性格外向、开朗、不拘小节，但有时比较傲慢、霸道、支配性强。容易发脾气、耍性子，遇事不愿退让。

坐着时喜欢将两腿和两脚跟儿紧紧地并拢，两手放于两膝盖上，端端正正坐在椅子前半部分的人。这种人一般性格内向，为人谦逊，对于自己的情感世界很封闭。这种坐姿的人常常喜欢替别人着想，他们的很多朋友对此总是感动不已。在工作上，这种人虽然行动不多，但却踏实认真，他们能够埋头为实现自己的梦想而努力。

坐着时两腿及两脚跟儿并拢靠在一起，双手交叉放于大腿两侧的人为人古板，从不愿接受别人的意见。有时候明知别人说的是对的，但他们仍然不肯低头。这种人因为有纤细神经的关系，其优点是对文学、美术、艺术等兴致盎然。

坐着时，把两膝盖并在一起，小腿随着脚跟儿分开成一个"八"字样，两手掌相对，放于两膝盖中间的这种人特别害羞。这类人感情非常细腻，但并不温柔，因此这种类型的人经常让他人觉得莫名其妙。在工作中，他们习惯于用过去成功的经验作为依据，他们对朋友的感情是相当真诚的，他们的爱情观也受着传统思想的束缚，经常被家庭和社会的压力压得喘不过气来。

坐着时双腿自然分开，手放腿上。这种人有较强的自信心，非常坚信自己对某件事情的看法。他们的天资很好，总是能想尽一切办法并尽自己的最大努力去实现自己的理想。这种人很有才气，而且协调能力很强。在他们的生活圈子里，他们总是充当着领导的角色。

企业管理者了解了坐姿代表的意义，就能慧眼识能人，为企业招聘到合适的人才。

【走姿】不同走姿反映对方是傲慢还是谦虚

有人说脚是人的第二心脏，人的思维活动可以通过脚步动作表现出来。每个人的行走姿势是在适应社会生活过程中逐渐形成的，人们的性格特点已经慢慢固化在走路的姿势里了。

古人云“坐如钟、站如松、行如风、睡如弓”，这是古人对于人的良好行为姿态的一种标准。良好的姿态确实可以使一个人的外在形象更佳，根据生理学上来讲它还可以有益于身体的健康。人体各种姿态的展示，让人们感受到人的本质的力量。而美的人体姿态是人体各部分协调配合呈现出来的外部形态的美，具有动态美和创造美的特点。而走姿是展现个人美态一个非常重要的标准，如东施效颦，也是因为东施看到西施走路都是步步生莲，才心生模仿之意。

在我们日常生活中，每个人都会不自觉地通过走姿向别人反映出他的性格特点和心理状态。比如小孩走路时蹦蹦跳跳的，说明他此时心情是比较愉悦的。企业管理者要判断一个员工的心理状态如何，只要看他的走路姿态，就基本了解了。一个人的心情不同，走路的姿势也就不同。

某航空公司招聘员工，通过笔试考试的3名考生来到航空公司总部进行最后的面试。当考生到达面试场地，发现面试室非常大而空旷。考生从面试室门口走到面试官面前有一段比较长的距离。

当第一名考生进入很安静的面试室，心理一下子就紧张了起来。他发现考官目光一直盯着他，走路时他不自觉地低着头，步伐也明显加快了，整个人显得有些手忙脚乱。第二名考生进入面试室，走路沉稳、不慌不忙，且双臂自然摆动，没有受到面试官的影响，很自然地走到了面试官面前，举止得体。最后一个人进入面试室，习惯性地高抬下巴，手臂有些夸张地摆动，腿比较僵直，步伐沉重而迟缓，给人的感觉比较傲慢。

通过观察三个考生走姿，面试官给出的结论是：第一位考生缺乏自信，气场不足。第二位考生气质出众，很有气场，沉稳务实。最后一个考生有些自大、傲慢。最后航空公司只录用了第二位考生。

航空公司面试官通过观察考生的走姿，判断考生的性格特点来判断是否与公司的岗位相匹配。那么，通过走姿去判断考生是否合适，可以从以下几个方面考虑。

第一，走路沉稳的人务实。有些人走起路来不慌不忙，就算在紧急关头也是这样。这种人办事历来求稳，“三思而后行”，比较务实。这种人工作效率高，一般说到做到。

第二，走路前倾的人谦虚。这种人的性格大多比较温和内向，为人比较谦虚，一般不会张扬，很注意严格要求自己，很有修养。

第三，走路低头的人。这种人往往是碰上了难以解决的问题，或者是心事重重。

第四，走路匆忙的人开朗。如果一个人走路匆匆，让人感觉脚步凌乱，基本上可以断定他是一位个性开朗，心直口快，不留心眼的人。

第五，走路两手叉腰的人急躁。有的人走路两手叉腰，就像短跑运动员，这种人可能是一个急性子，因为他总想以最短的途径，最快的速度达到自己的目标。这种人很有爆发力与计划性。

第六，高抬下巴走路的人傲慢。有的人走路时，下巴抬起，手臂夸张地摆动，腿是僵直的，步伐沉重而迟缓。这种人很傲慢，这种走姿被人们称为“墨索里尼式”步态。

第七，喜欢踱步的人善于思考。这种人无论面对任何事，都能保持清醒的头脑，他们不希望被任何带有情感的东西左右了自己的判断力和分析力。

第八，走路快。一般走路快且双臂自然摆动的人，往往有坚定的目标，并且会锲而不舍地追求；走路大步且有弹力，自然摆动双臂的人自信、快乐、友善及有雄心。相反，走路时拖着步子，步伐小或速度时快时慢的人与前者相反。

第九，走角落。喜欢走角落的人属于自卑型。这类人口头表达能力不强，但写作能力相当不错。调动这种人工作积极性的唯一办法是表扬他们。

【站姿】不同站姿显示一个人是否有自信

刘明明是一个“外柔内刚”的人，人前内向得一塌糊涂，面对陌生人还会紧张得说不出话。

大四下半年，大家开始忙着找工作，生性内向的明明迫于各方面的压力也到处去投简历。可是，所有投出的简历犹如石沉大海，一点音讯都没有，打击得她本来就没多少的自信心更是所剩无几。终于有一天，一个外贸公司打来电话让她去面试。

为了好好把握这个机会，明明专门向有经验的学长取经。各方高人的实战经验告诉她，面试时一定要谦逊、有礼节，千万别太锋芒毕露。同时，还要对公司的情况进行摸底。她怀揣着“经书”，在网上开始了昏天暗地的搜罗。所有网上有关该公司的资料都被她翻了个遍，就连老板喜欢的表达方式她都了然于心。

面试这天，她美美地打扮了一番来给自己增加自信。一排看似威严的人士簇拥着老板模样的人坐在会场上方，老板亲自面试。天哪，一看这架势，明明的心跳不由自主地加速了。她急忙回忆学长面授的经验，心里暗自念着：要谦逊、谦逊、谦逊……

在她结结巴巴地进行了自我介绍后，主考官开始正式“考问”她。第一个问题就把她呛住了。考官问：“我们招的是专科学历，你是本科怎么会来应聘这个岗位?”她支支吾吾地说,“我……我觉得你们公司挺好的,也比较适合我的专业。”因为过于紧张,明明在站立时不自觉地缩着头,腰部弯曲,手心直冒汗。“我们公司好在哪里?这里工作压力很大,平时要经常加班,你可以适应吗?试用期只有基本工资800元,其他什么福利也没有,能接受吗?”面对主考官连珠炮般而又近乎苛刻的问题,她只知道用“是”“可以”“行”来证明她的诚意。

在等待是否进入复试的空当,她长长地舒了一口气,心里暗自庆幸,想着刚才的回答算是很谦逊了。终于等到了“宣判”时刻,主考官面带微笑地告诉她:“小姑娘,你的条件不错,不过以后再去面试不要太紧张,要自信点……”

刘明明在紧张时的站姿表现出来的紧张和不自信,让她错失了一次好机会,而面试官也通过她的站姿变化体察到了她情绪上的波动。在心理学中,一个人外在的形象,甚至是一个小小的站姿就可能透露出一个人的个性与心理。因此,作为企业管理者,要能掌握对方小小站姿背后潜藏的性格与心理。

在企业管理者发掘人才的过程中,谈话者挺胸收腹、双目平视,就能判断出这样的人充分自信,或者十分注意个人形象,或此时心情十分乐观。

双脚并拢,双手交叉站立,这种人看起来缺乏进取心,并拢的双脚表示谨小慎微、追求完美。但这类人往往韧性非常强,是属于平静而顽强的人。

两手叉腰而立,这是很有自信心的表示,若加上双脚分开比肩宽,整个躯体显得膨胀,这种人往往存在着潜在的进攻性,若加之脚尖拍打地面的动作,则暗示着一种领导力和权威。

假如谈话者表现出含胸、背部微驼的姿态,这样的人往往缺乏自信。如果对方将双手插入口袋,则要小心这样的人,他们一般不流露心思,暗中策划的表现；若同时弯腰弓背，可能说明这类人事业或生活中出现了不顺心的事。

单腿直立，另一腿或弯曲或交叉或斜置于一侧。这样的人此时心里是保留态度或轻微拒绝的意思，也可能是感到拘束和缺乏信心的表示。双脚成内八字状，这是大多女性的站姿，有软化态度的意味。不少女性在担忧自己显得支配欲和好胜心太强时，往往采取这种站姿。

喜欢倚靠站立，不是靠墙，就是靠着人。这样的人比较坦白，容易接纳别人。不好的方面是缺乏独立性，总喜欢走捷径。

背手站立。背手暗含有“不想把手弄脏，所以把它搁置一边”的意思。这样的人通常是自信心非常强的人，喜欢控制和把握局势，或自恃是居高临下的强者。若一只手抓住另一只手的手臂，则可能是在压抑自己的愤怒或其他负面情绪。

遮羞式站立。手有意无意遮住裆部，一般是男性采取的动作。遮住要害部位，是一个防御性动作，说明对方坐立不安，准备遭受批评和不赞同。这种方式的确是一种遮羞的心理。

上面所讲的不同站姿体现不同的心理状态。需要注意的是，随着对方心理的变化，各种站姿可能会交替出现，企业管理者需要根据现场的情况进行综合分析和判断。

【语言】从语言中破译对方心态

俗话说，听其言，观其行。语言是人际交往的重要工具。在日常工作中，语言也是企业管理者了解企业内不同思想的重要途径。招聘新员工，语言是了解情况的最直接的途径。面试者语言中所表达的信息、思想，展现出来的思维方式，都可用以判断一名面试者是否适合企业的要求。

招聘单位打电话通知许天明去面试，他向一个宁波本地的同学打听了一下，通知面试的是一个私人的英语培训学校。当时，他很“自负”地想，就凭他多次到大公司面试的经历和扎实的基本功，这种小场面应该不在话下。

他如约来到招聘单位，和人力资源部主任聊了一会才知道这是一份初中英语教员的职位。主任简单地问了他一些英语方面的问题，他对答如流。主任对他比较满意，把他带到一个坐满了学生的教室，让他围绕“春天”给同学们上一堂课。接过粉笔，许天明有模有样地上起课来。当他正自我陶醉在“传道授业解惑”的满足感中时，主任示意他可以结束讲课了。

回到刚才那个办公室，主任和他闲聊了起来。主任问：“你对我们学校了解吗?”“知道一点，你们是私人的外语培训学校”，许天明回答。主任又问，“你知道来我们这里培训的都是什么人吗？我们学校的特色和授课风格你了解吗?”许天明无语。主任说,“你恐怕对我们不大了解,从起先的谈话中我感觉你对英语教员这个职位好像也没做好准备。”许天明心里一惊,刚刚还以为瞒天过海之术施展得很好,原来早就被明眼人识破。

这个案例中面试者许天明由于过于自负,对面试的基本要求不了解,在语言上露出了破绽,让他失去了一次良好的机会。但这也让企业清楚了许天明目前并不符合岗位招聘的要求。一个人的语言可以分为人体发出的类似语言的非语言符号,如笑声、哭声、叹息、呻吟、哼哼及各种叫声,还包括说话时的方式、语音、语调、音调、音速、音响等。

语言本身具有虚伪性,而一个人的言谈方式反映了他的思维和个性,在这种情况下,我们可以通过观察对方的言谈方式来辅助判断。在招聘工作中,判断面试者是否有欺骗行为,在语言的表现形式上是没有破绽的。事实上,谎言由于其欺骗的目的,都是经过充分思考而产生的,都有一个自圆其说的过程,如果形式上就有破绽,那还怎么欺骗得了经验丰富的面试官呢?但由于潜意识的作用,撒谎者在说谎时会不自觉地留下一些语言上的“破绽”。大部分谎言在语言表述上都可能具有以下四个方面的特征。

1. 表达信息过量。

面试官:“你在以前工作的公司是做ERP销售的,你那时的月收入一般是多少呢?”

面试者:“一般是8000元左右,这是真的,因为在上海的消费水平比较高,同时我自己的销售业绩也做得很好,整个行业的前景都很不错。”

面试者所说的是谎言吗?很可能。

面试官可以从“这是真的”以及后面的解释原因中推测出来,因为面试者给出了面试官不需要的一些信息，去强调 8000 元月收入的真实性，结果反而透露了其语言的欺骗性。

更加可信的说法是："8000 元左右。"

语义信息过量所以成为谎言的破绽，是因为它是一种反常的表达方式。通常人们的言语交际总是尽可能使话语语义信息适量，根据对方的需要提供信息，不会提供对方不需要的信息。信息过量则违反了这种常规，因而容易引起对方的注意。面试官识别这种谎言时如能同时注意到一些说谎者的微表情和微动作，则能更有把握识别它。

2. 表达内容避免细节。

面试官："你能谈一下你之前工作过的公司中，你和你的上级之间的关系处理得怎么样呢？"

面试者："我们关系处理得挺好的，他是个非常不错的人，对我帮助很大，工作也很有经验。"

面试者所说的是谎言吗？有可能。

面试者在编故事时通常会避免说一些细节，由于紧张或内心矛盾等原因，一时无法把证明谎言具有"真实性"的某些详细内容说出，故而造成该谎言比通常交际信息量更加简略的现实，所以大多数时候，说谎的人都是非常简练地告诉你故事大概就完了。

更加可信的说法是："我们关系处理得挺好的，那时候我在公司是做人事工作的，他是我们的主管，他是个非常不错的人，对我帮助很大，记得有一次经理让我做一个关于公司未来两年的人力资源规划报告，我们一起下基层对公司的情况进行访谈和了解，最后的幻灯片都是他一点一点教我做的，我记得由于时间关系在报告的前一天晚上我们都在公司加班，当工作完成之后我们还互相击掌表示庆祝呢，想起来真的从他身上学到了不少东西。”

3. 避免使用第一人称代词“我”。

面试官：“从你的简历中可以知道，你在大三下学期曾经在千禧公司实习过三个月，你是如何获得这次机会的呢?”

面试者：“其实那时候就是觉得应该了解一下实际的工作是什么样的，于是从网上获得这样一个信息，然后就给千禧公司人事部门发了一封电子邮件，经过面试就很幸运地被录取了。”

面试者所说的是谎言吗？有可能。

为了竭力使自己同谎言保持一定的距离，面试者在叙述他们的故事时都会下意识地避免使用第一人称“我”。

更可信的说法是：“我那时觉得应该了解一下实际的工作，于是我就上网查到千禧公司在招收兼职实习生，我就给发了一封邮件过去，然后千禧公司就通知我面试，结果我也很幸运地通过面试被录取了。”

4. 内容不合情理。

面试官：“你毕业后曾经在深圳工作过一段时间，能谈谈那段时间的经历吗?”

面试者：“那是一段让我非常难忘的经历。那是一家民营企业，虽然公司总资产达到10亿，但是管理还是非常混乱。我当时被安排到下属的生产管桩的高科技企业担任厂长助理，结果工作的两个多月里我采访了很多员工，从生产工人到副总，有时候半夜都会起来到车间看看，临走前向老总提交了达三万字的实习总结。结果老总希望我留下来，给我月薪一万，担任这家管桩企业的生产副总，但那时我已经有继续深造的机会了，所以就婉言拒绝了。”

面试者所说的是谎言吗？很可能。

在这类谎言中，可以捕捉到几个可疑的语义信息，这些信息在谎言中发生临时的联系，但其联系的条件都违反了一些常理，因而能看出其中的虚假性。比如，该案例中面试者是一个本科毕业生，因为实习期间表现优异而让老总许以月薪一万和生产副总的高管职位，但是对于中国的任何一个企业来说，尤其是民营企业，月薪一万和副总职位已经意味着需要承担很大的责任，而作为一个没有任何工作经验的本科毕业生来说，获得这种机会的可能性几乎是不可能的。

更可信的说法是：“那是一段让我非常难忘的经历。那是一家民营企业，虽然公司总资产达到10亿，但是管理还是非常混乱。我当时被安排到下属的生产管桩的高科技企业担任厂长助理，结果工作的两个多月里我采访了很多员工，从生产工人到副总，有时候半夜都会起来到车间看看，临走前向老总提交了达三万字的实习总结。有意思的是，当时的厂长还对我说，老总曾对他说希望我担任这家管桩企业的副厂长。”

总之，面试过程中面试者如果在说谎，他的语言更有可能信息过量、过于笼统地描述、避免使用“我”以及包含一些不合情理的内容。此外，在说谎过程中，说谎者语言出现漏洞的情况可能会逐渐增多，其中包括语法错误、语调语速的变化、口头禅等。那么，在日常的企业管理中，也可以通过语言沟通中的漏洞发现员工真实的心理想法。

【举止】从行为举止知其心

古人云：“喜怒哀乐，有动于中，必形于外。”举止习惯能透露出一个人的性格，往往一个不轻易的动作就会让你的真实想法展露无遗。

肖乐强是一家上市公司的人事部经理，野心勃勃的他一直希望能够得到更高的职位。为了及时得到一些对自己有用的资讯，肖乐强经常请老板的秘书石志楠吃饭、唱歌，两人很快成了好朋友。

有一次，公司要提拔一个中层领导，老板让肖乐强提交两个候选人的资料。肖乐强千挑万选后，把名牌大学毕业的刘某和刚应聘过来但经验丰富的李某的资料交给了老板。资料提交后，肖乐强拜托石志楠留意一下老板的反应，因为他知道老板会问他的想法，而他希望自己能跟老板的想法一致。

下班后，肖乐强约石志楠在咖啡厅见面，石志楠告诉肖乐强，老板对刘某比较满意，因为看李某资料的时候老板轻轻地摇了摇头，看刘某资料的时候又不经意地点了点头。

果然，第二天，肖乐强被老板叫进了办公室。当老板问及他的想法时，肖乐强毫不犹豫地说：“我觉得刘某比较合适。”老板稍微愣了一下，接着问他选择刘某的原因。肖乐强说：“我觉得他是名牌大学的毕业生，有丰富的专业知识。”老板听后没有说什么，挥挥手就让肖乐强出去了。肖乐强虽然觉得有些不对劲，但也没多想什么。

第二天，肖乐强上班的时候意外地看见了李某被提拔的公告。这时，他才猛然醒悟自己犯了一个大错误。他急忙去找老板，跟老板承认自己是因为得知老板看资料时不同的反应才会揣测老板的意思从而给出答案。

听完肖乐强的话，老板缓缓地说："我看刘某资料点头，是因为我觉得他这样高的学历做了这么久居然还没有什么大的成就，真是浪费公司的资源和金钱；我看李某资料摇头是看到他明明已经在自己的专业领域里做出了一些成绩，可其他公司却迟迟没有给他施展的舞台，很可惜。"最后，老板说了一句："我需要的是有自己主见的人事经理，而不是一味附和老板的人。"肖乐强听后，惭愧地退出了老板的办公室。

从肖乐强的故事中可以看出，人在点头的时候并不一定代表肯定，在摇头的时候也不一定代表否定。在做事情的时候，一定要先读懂对方的意思再下结论，千万别像肖乐强一样莽撞。在职场上，管理者每天都需要接触不同的人，如果对行为举止透露出的心理特点很了解，将有助于管理者更好地识人和用人。

从举止习惯上看人的性格主要有以下十六点：

1. 指手画脚的人。

这种人性格爽朗，健谈，人缘不错，喜欢抢话，精力旺盛，好奇心重，爱窥探他人隐私。

2. 以手遮口的人。

这种人容易警诫自己，掩饰自己的内心世界，乖巧，有点自卑，心思细腻，能看透很多事情，是个有建议性的朋友。

3. 执物时翘起小指。

这种人爱出风头，自我观念很强，不喜欢被束缚，有些自恋，主观意识强，与这种人接触要保持一点距离。

4．爱拍人肩膀。

这种人有活力，有亲和力，喜悦的时候喜欢让人感受到，有优越感的时候更加明显，领导欲望比较强，但这种人往往是个冲锋兵，这种情况下当然也就不像外表这么自信。

5．喜欢搓衣角或抚弄裙边。

这种人内向，不够自信，当想法没有实现的时候，就会感觉非常不平衡，感情上不愿意吐露自己的想法，期望别人对自己有一个设定或推动他去做什么，与这种人交往的时候要先洞悉他内心想要的是什么，然后再去和他交往，否则就会招来他的不满。

6．搓两手的人。

这种人表现不够大方，小家子气，不够开朗，做事斤斤计较，与这种朋友交往要注意保持些距离。

7．喜欢折弯手指的人。

这种人单纯利落，如果是爱弯手指并发出“啪啪”声的人，喜欢讲大话，内容空泛，故弄玄虚，如果是爱在膝下做小动作，往往个性上有些怪癖，是不宜交心的朋友。

8．边说话边动手、动笔。

说话的时候扯纸或拿着笔乱涂，这种人急躁，脑子快，联想力丰富，给人感觉有压力，想法神经质，与这种人沟通的时候要注意不要给他太多压力或设定，否则会引起他很多不必要的联想。

9．喜欢摸鼻子下面。

这种人脑子不错，有说服别人的能力，一旦被人超前或疏远了，就会很寂寞、颓丧，但外表不在乎，他摸鼻子的时候往往是在盘算，但这种动作一般给别人的感觉不够好。

10. 挖鼻孔的人。

这种人头脑灵活，主观想法挺多，但忽视别人的看法，不雅观。

11. 喜欢摸头。

男性代表开朗，但有些不拘小节，个性情绪化，女性则拘于小事，感情用事。

12. 咬指甲。

这种人没有安全感，原因大概是幼时没有吸收到充足的母乳，咬指甲相当于一种满足，内心寂寞，欲望得不到满足，神经质，常常陷入被动状态。

13. 喜欢皱眉。

这种人比较神经质，爱操心，情绪不安，心事重重。

14. 脚膝抖擞、颤动。

古时称之为贫之相，这种人给人造成紧张的气氛，情绪内敛，有欲求而不讲，虎头蛇尾，执行效果不长久。

15. 喜欢自言自语的人。

这种人意志薄弱，城府深，轻视别人，行为笨拙，因此常常吃闷亏。

16. 拖着脚走路。

这种人不够积极，主观意识强，猜不透他在想什么，做事不够努力积极，对自己期许高，对他人有很多的不满，因此很不屑于别人的看法。

从细节可以看出一个人的个性和家庭教育如何，因此企业管理者可以通过这些细微的行为举止来判断员工的性格和心理状态。

【装扮】装扮折射个人心理

常言道：佛靠金装，人靠衣裳。这说明衣着穿戴是十分重要的。一些重要的场合更强调一个人装扮的重要性。莎士比亚说，衣装是人的门面。衣着打扮不仅反映出一个人的容貌、气质和风度，更反映出一个人的素质和审美观。

装扮是一种不说话的物体语言，他传递人的心理状态、意向、爱好、兴趣及身份等多方面的信息。比如，公司的公关很少穿得古板单调、稀奇怪诞，他们会穿得优雅、自然潇洒，使人愿意与他接近，和他交朋友。

杨立明是一家外贸公司的职员，他所在的研发部经常要开会讨论公司新产品的研发以及推广。因为薪水丰厚，又能发挥个人创意，很多员工都希望能进入研发部工作。奇怪的是，很多能力很强的员工都在短时间内被部门经理调走或者辞退了。几年下来，杨立明成了研发部唯一的“老员工”，并且还得到了部门经理的赏识，被任命为小组长。

为什么只有杨立明能够让部门经理青睐有加呢？

其实，杨立明一开始到研发部上班的时候，部门经理也并不看重他。在一次例会上，大家要讨论公司下一阶段新产品的研发工作。杨立明因为初来乍到，急于表现自己，没等部门经理先发言，就第一个提出了意见。因为这件事，部门经理在会后不仅批评他急功近利，而且不许他参加这次产品的研发工作。

杨立明百思不得其解，到底是哪里得罪了顶头上司呢？杨立明觉得自己一定要弄清楚经理的心理，这样才能投其所好，避免尴尬。后来上班的几天，杨立明留心观察部门经理，发现他每天上班虽然都穿不同的衣服，但每身衣服都比正常的尺寸要大，显得十分宽松。从这个细节中，杨立明看出经理应该是个自我显示欲望较强的人，而回想起上次被批评的事情，也是因为自己急于表现，所以才让经理不快。

在此后的工作中，杨立明再有好的意见，也不直接说出来，而是抛砖引玉，谦虚地提一点自己的想法提示经理，让经理把好的意见说出来。一段时间之后，经理果然对他另眼相看。反观其他同事，虽然工作能力也很强，提出的想法也很有价值，但因为光芒几乎要盖过部门经理，被经理忌惮，最终都被调走或辞退了。

杨立明做事的聪明之处在于他懂得察言观色，能够通过经理的穿衣喜好看出经理的性格，从而趋利避害，投上司所好，最终得到升职的机会。试想一下，如果杨立明懵懂无知，一味地表现自己，忽略经理是一个有强烈自我显示欲望的人，一定会不为上司所喜，最终恐怕也难逃被辞退的命运。

杨立明的故事告诉我们这样一个道理：在工作中，要根据穿衣打扮判断一个人的性格爱好，从而避其锋芒。如喜欢穿宽大衣服的人，这种人往往希望自己看起来比较强势，喜好夸大自己，并且有强烈的自我显示欲望。

喜爱打色彩华丽的领带，这种人应该是一个很自私的人；开朗而富有朝气的人，多半会选择天蓝色、银色或淡紫色这样明快、醒目的领带；比较沉稳的人，多半会选择深蓝色、黑灰色这样比较百搭颜色的领带；宽容大度的人，通常会选择深色系的领带，即使是在喜庆的场合，需要佩戴亮丽颜色的领带，这类人也会选择暗红色、深紫色之类的颜色；个性浮夸、自私的人，则喜好佩戴华丽鲜艳的领带。因此，当我们想要了解一个人的性格的时候，只需要看看他挑选什么颜色的领带，然后解读领带颜色里所隐含的信息，就能够对此人有一个大概的了解。

脱衣服的速度也可以反映一个人的性格。脱衣服慢条斯理的人，性格比较沉稳，做事不徐不疾、条理清晰，有泰山崩于前而面不改色的气度。脱衣速度快，说明这个人是行动派，做任何事都风风火火，绝不会拖沓扭捏，这类人性格外向，脾气直爽，并且为人十分热心、友善。对于脱衣服方式经常不同的人，千万不要以为他性情不定，性格多变，不好相处。其实，这类人只是喜欢追求刺激，不爱走寻常路。每次脱下来的衣服折好或挂起的人，多善解人意。

穿着清新的人，性格比较单纯；穿夸张服饰，内心深处有着不安全感，这种人太在意自己的不安心理，或是想要借助夸张服饰掩盖自己的不安全感。套装会给人干练、稳重的感觉，而喜欢穿着套装的人，大多是传统保守而又执着的人。他们虽然性格有些保守，有些古板，言谈之间也缺乏幽默感，但此类人做事执着，毫不马虎，容易给人留下沉稳、踏实的好印象。

工作中，有很多场合需要我们表现得保守、沉稳而执着，而以这样的精神面貌接人待物，往往能够赢得别人的好感和认同。当然，保守和执着也会给我们带来一些困扰，比如，过于保守会让我们无法接受新鲜思想和新鲜事物。在日新月异的今天，不能接受新鲜思想和新鲜事物是非常可怕的，而且过于保守的人不愿意接纳他人的观点和意见，这种做法会成为工作中的桎梏，使工作陷入僵局，无法突破。

【爱好】兴趣爱好有玄机

在现实生活里，爱好和兴趣因人而异。企业招收的员工，不可能每一方面都出色，但也不可能每一方面都差劲。企业管理者要能清楚地了解每个下属的优缺点，千万不能夹杂个人喜好，也许你今天看不起的某个人，他日正是你事业转机的干将。

所谓穿衣戴帽，各好一道；萝卜白菜，各有所爱。兴趣爱好虽然是人们主流生活、工作学习之外的文化活动，是玩乐、休闲的项目和内容，但这些闲暇之事，玩乐之好，却有雅俗之分，优劣之别。它是一种价值取向，可以折射出一个人的志向、追求和品格。

在现实生活中，有的喜欢经商赚钱，有的喜欢从政当官，有的喜好抽烟、喝酒，有的爱好下棋、打牌，有的喜欢上网、聊天，有的喜欢跳舞、唱歌，有的喜欢写作、思考，有的喜欢看球、参赛，有的喜欢远行、旅游，等等。企业在识人用人过程中，要能够根据员工的爱好和表现，透过现象看本质，选出合适的优秀人才。

A企业招聘新员工，面试时应聘者向面试官介绍了自己很喜欢意大利歌剧，面试官一听也来劲了，有这么高雅爱好的人，很难见到啊，双方自然深聊下去。原来，这位应聘者是音乐世家，个人嗓子条件又很棒，一年中家里人总有几次专业水准的PK，他总是拿冠军。面试官一听放心了：这是家庭原因形成的爱好，又局限于家庭中展示。如果公司年会里有这样的“准三高”歌唱家来表演，那是何等气氛！面试官给他加分了。果然，这位员工入职后，在一次行业内的联谊活动表演现场，以惊艳的表现为企业赢得了冠军。

另一个应聘者告诉面试官自己的爱好是打高尔夫，面试官同样来了兴趣，开始往下追问：你在哪里打高尔夫？多长时间和球友打一次？应聘者回答“每周末都去”，去的高尔夫球场还是当地很贵的场子。面试官又问：是朋友请的还是自费？应聘者回答：都有。这样的一问一答让细心的面试官容易得出几个结论：这个职业经理人够奢侈；你请客户没关系，客户经常请职业经理人的话，这职业操守的问题可就不好说了……

由此可见，事物的发展总是两方面的，人类的习惯与爱好也是同样，比如，有的人不愿意学习，有的人讨厌工作，有的人憎恨赌博，有的人害怕锻炼等，人在厌恶的方面也是各有不同。我们通过观察一个人的喜好与厌恶，从中判断出他的专长、优点，同时可以看出他的短处及缺点。中国有句老话说得好：习惯成自然，自然显本性。“观其好恶而知短长”，实际上就是根据一个人的习惯行为、嗜好特点来判断一个人的真正专长及短处。管理者根据员工的兴趣爱好，考虑他适合哪种工作，然后做出企业与员工相匹配的合理安排。

喜欢与爱好是有程度区分的。喜欢与爱好，时间一长就形成了一个人的嗜好。那么，可以说，没有什么比嗜好更能反映一个人的本质了。嗜好不必考虑别人的眼色，不受他人或法律的制约，他完全是出于自愿的。所以，也就最能暴露出一个人的深层心理结构了。嗜好的范围几乎完全是自我的孤独领域，它是不能强加于人的，由此也就可以证明嗜好是人的潜意识的最好流露。

玩物与嗜好告诉你的，可以说是这个人的一切。从千差万别、形形色色的嗜好中，可以发现和总结出其中的一些奥妙，并能得出一些结论。一个出色的人类学家，每到一地，就可以立刻发现当地的一些具有普遍性的行为取向与行为类型，由此，他就可以得出一些令人拍案称奇的结论。实际上，为人们所称道的福尔摩斯，就是一个训练有素的人类学家。作为企业的管理者，清楚地了解员工的兴趣爱好，可以做出更全面的评价和安排。

第六章
成事在人，得士者昌——用人的艺术

【信任】用人最大的突破在于信任人

当今社会，企业之间的竞争，其核心就是人才的竞争。能否招募到合适的人才，充分发挥他们的主动性和积极性，实现“人尽其才”，是企业管理者用人成败的关键。用人的方式和学问很多，但最大的突破就在于信任人。

必须信赖并关心员工。你的员工、你的团队是唯一能够改变一切的力量。员工是帮助你实现梦想的基础。大企业总是抱怨创新过程中碰到的问题，它们不知道如何实现目标，原因是它们没有倾听员工的意见。它们把太多的精力花在了股东身上。股东会给你很多意见，但是在执行过程中，他们却会离你而去。股东随时都在改变主意，但是你的员工却总是和你站在一起支持你。

——摘自马云《依赖你的员工》一文

马云之所以能在短短的二十多年间建立阿里商业帝国，成为业界的传奇，除了他的经营理念超前、个人能力突出之外，更为重要的是马云善于用人，敢于信任下属。阿里内部有所谓的“十八罗汉”，都是从20世纪90年代就跟随马云创业的人。这些人能够一直与马云共事，共同经历从创业初期的艰难、到今天的成就，这与马云一直信赖他们、依靠他们、支持他们是分不开的。

充分信任下属，给下属最大的发挥空间，是每个企业家都懂的原则。但是在实际工作当中，却不是每个人都能做到的。

郑总和王总是老朋友，他们都是从一家生产五金制品的国有企业出来的。

郑总以前是车间的技术能手，但是自从他的徒弟小周逐渐被提拔到车间主任的职位，反过来领导自己之后，郑总对于自己的下属就不那么信任了。这导致郑总在自己创业之后，对公司的员工都抱有一种怀疑的态度。公司的核心客户资源全部掌握在郑总一个人的手里，员工们只能接触到一些不太重要的客户。虽然郑总嘴上没有明说，但他的这种不信任态度，逐渐被员工们察觉。一些有能力的员工纷纷离职，剩下来的员工，要不就是平庸之辈，要不就是混日子。结果，公司的发展停滞不前，郑总自己每天累得没有一点空闲时间。

王总以前也是车间的技术能手，郑总的徒弟小周，同时也是王总的徒弟。小周升任车间主任之后，王总没有像郑总那样感觉很没有面子，反而觉得自己的徒弟能当上车间主任，是一件值得高兴的事情。国企改制之后，王总也出来创业。王总不是一个人创业，而是把原来国企的一些老同事全都聚集起来一起打拼。原来的车间主任小周，也到了王总的公司，仍然担任车间主任。王总对跟随他的员工们推心置腹，给予他们充分的信任，鼓励他们放手工作。结果，王总的公司蒸蒸日上，“蛋糕”越做越大，员工越来越多，逐步成了业内的龙头企业。

郑总和王总，起点一样，技术不相上下，其结果却截然不同。郑总像防贼一样提防员工，结果员工也把郑总像陌生人一样对待，工作起来既无激情也无动力，整个公司死水一潭，郑总公司的结局可想而知。王总则是给予员工充分的信任，发挥他们的长处。例如，小周善于组织生产，王总就让他搞生产，如此公司自然能发展壮大。

中国有一句老话，叫做“用人不疑，疑人不用”。意思是既然你选择了他，便不应怀疑，不应处处不放心。既然你怀疑他，当初就不应该任用。这句话放到今天，仍然有其借鉴意义。管理者在选人用人的时候要充分考察，尽可能了解其品行和能力，要将员工安排到合适的岗位上。对于考察不合格，能力和品行有问题的人，则不能加以任用。

信任员工，意味着要对员工充分放权，鼓励其主动工作，不对员工职权范围内的业务横加干涉，甚至是越级指挥。

但信任员工，不代表着对员工放任自由。对员工的信任应该基于完善的规章制度基础上。放权不等于滥权，有权必有责，要做到权责对等。对于员工职责范围内出现的问题，如果是正常的，工作当中不可避免的，可以宽容对待，但是对那些因为玩忽职守、懈怠工作而出现的问题，则要严惩不贷，不能无原则地放任自由。

纵观世界上成功的知名企业，其内部的规章制度大都完善有效，能够尽可能地从制度层面上堵住漏洞。在这样的环境下，信任员工、对员工放权自然能够获得不错的成效。

【人情】让下属体会到你的人情味

“没有规矩不成方圆”，对于企业来说，就是要求员工严格执行规章制度，对于任何违反纪律的行为，都要追究责任，给予处罚。但是法理不外乎人情，对于员工违反规章制度的情况，要辩证来看。对于无法避免、情有可原的情形，要人性化地处理。

李东兴是一家制造企业的车间主任。车间有 70 多名员工，以女工为主。因为员工人数众多，李东兴为了能够有效管理，对于违反车间规章制度的员工，一律按照纪律严肃处理。但员工们大多对李东兴心服口服，那些被处罚了的员工也是如此。之所以会这样，是因为李东兴有“人情味”，在执行规章制度的同时，能够顾及员工的实际情况。

比如车间有一个女工陶翠芝，家里有 2 个孩子，一个才 2 岁，另外一个也刚刚上幼儿园。陶翠芝的家庭经济情况一般，请不起保姆，这名女工偶尔会偷偷早退，回家照顾孩子。这天，李主任在巡视车间的时候，发现了陶翠芝早退。陶翠芝的家庭情况，李主任也知道。但是车间里还有不少的女工家庭，也存在这样的情况。不能因为家里困难，就无视车间的工作纪律。因此，李主任按照制度对陶翠芝进行了罚款 300 元的处理。

在处罚了陶翠芝之后，李主任并没有让这件事情就此过去。考虑到车间里许多女工的家里都存在这样的情况，李主任便向企业领导争取将车间里的一间闲置仓库清理了出来，把这间仓库布置成了儿童托管室，让女工们可以把自己的孩子托管在单位，这在很大程度上解决了员工们的后顾之忧。

李主任为员工们着想的行为，赢得了大家的尊重。为了回报李主任，车间工人们更加努力工作，工作效率也得到了很大的提高。

李主任的“人情味”，其实就是人性化管理。人性化管理，不光体现在处罚员工的时候，它是一个综合的管理方式。所谓人性化管理，就是在管理中从人性的角度出发，采取灵活的管理方式，以充分挖掘人的潜能。比如尊重员工，给予员工充分的物质激励和精神激励；帮助员工解决后顾之忧；为员工提供成长与发展机会；注重企业与个人的双赢，等等。在这方面，国际知名企业日立公司给我们树立了一个良好的榜样。

在很多国际性的大企业中，都有一条不成文的规矩，即禁止内部员工恋爱。一旦有两名内部的员工恋爱了，轻则让其中一方调离关键岗位，重则必须有一人离职。著名的小说《杜拉拉升职记》中，王伟最终离开公司，也有这方面的因素。

在企业当中，避免内部员工恋爱，有一定的可取性，可以避免因私废公。但由于职场中人，接触的最多的就是同事，最容易产生感情的，也是同事，仅仅由于可能的隐患而采取一棒子打死的办法，有失偏颇。

日立公司对于员工恋爱有着与众不同的处理方式。原来，日立公司内设了一个专门为职员架设的“鹊桥”——“婚姻介绍所”。日立公司人力资源部的管理人员说：这样做可以起到稳定员工、增强企业凝聚力的作用。员工刚进公司的时候，便可以把个人的学历、爱好、家庭背景、身高、体重等资料输入“鹊桥”电脑网络。在日立公司，当某名员工递上求偶申请书后，他

（她）便有权调阅电脑档案，申请者往往利用休息日坐在沙发上慢慢地、仔细地翻阅这些档案，直到找到满意的对象为止，一旦他（她）被选中，联系人会将挑选方的一切资料寄给被选方，被选方如果同意见面，公司就安排双方约会，约会后双方都必须向联系人报告对另一方的看法。

由于日立的很多员工家庭都是由公司促成的，所以，员工对公司非常感恩。日立的员工对公司的忠诚度非常高，以至于即使公司要“赶”员工走，员工也不肯离开公司，员工的工作热情和工作效率可想而知。

日立公司的这种“人性化”管理方式，在日本并不罕见。日本的企业，无论是企业的管理层，还是普通的员工，都把公司当成自己的“家”，对公司的认可度和忠诚度非常高。公司会鼓励成员参与“家庭”事务，为“家庭”奉献自己的一切，企业也会积极从员工的角度出发，积极为员工着想，解决员工的后顾之忧，为员工在企业认真干下去铺路搭桥，扫平障碍，因此，日本式的团队凝聚力和战斗力非常强，这是我们需要借鉴的。

【意识】树立员工的主人翁意识

“主人翁”三字其实是一个成语，意思是当家做主的人，其典故出自赵翼《二十二史札记》卷三当中汉武帝、馆陶公主及董偃的故事。对于企业来说，员工的主人翁意识就是把自己当作企业的主人，具体表现在关心企业的发展；把工作当成自己的事情，尽最大努力做好；能够及时发现、反馈并主动想办法解决生产、技术、管理等各方面存在的问题；追求集体的利益最大化。

邹世国大学毕业后进入了一家金属制品企业。由于刚刚进入公司，他被安排在生产车间从事生产工作，以便尽快地熟悉产品，走上新的岗位。

与邹世国一起进入公司的同班同学还有七八个，每天到了下班时间，劳累了一天的同学们就会立刻停下手里的工作，收拾东西，离开车间。

邹世国则不同，他会先把手里的工作做完，然后把自己工位上面的工具收拾整齐，再仔细检查一遍之后，方才离开车间。邹世国不仅会努力把自己的工作做到最好，有时候还会主动帮助别人，比如他经常会帮助匆忙离开公司的同学整理工具。慢慢的，大家都发现邹世国是个“老好人”，请他帮忙的人也越来越多。

邹世国的情况慢慢传到了公司领导李总的耳朵里面，李总觉得这是一个好苗子。于是把邹世国提拔成了班组长，负责管理与他一同进入公司的同学们。此后，邹世国得到了李总的重用，在很短的时间里就成了公司重要的中层干部。

李总之所以会重用邹世国，就是因为邹世国具有主人翁精神。邹世国把公司的工作当作自己的事情来做，而不是像大多数人那样应付了事。

对于企业来说，具有主人翁意识的员工越多，企业的发展就会越顺畅。但并不是每一个员工都会像邹世国那样，自发地具有这种意识。主人翁意识在很多时候需要培养。

树立员工主人翁意识的方法和渠道有很多，常见的有以下这些：

1. 让员工参与企业的决策。

通过职工代表会议、公开征集意见、内部论坛等方式，让员工参与公司的决策和各项管理工作。给予员工同公司领导沟通交流的机会，让员工能够明白公司关于企业发展重大问题决定的目的、意义和执行步骤。这样可以使员工在完成工作任务时觉得这是自己的决定，让员工感觉自己受到尊重与信任，消除员工与企业之间的隔阂，让员工觉得自己有义务、有责任为这些共同的决定而努力工作。

杰克·韦尔奇是美国通用电气公司的总裁，被誉为全美最优秀的企业家之一。杰克·韦尔奇是“让员工参与企业决策”的坚定拥护者。他在1981年接手通用电气公司后，实行了“全员决策”制度，使那些平时没有机会互相交流的职工、中层管理人员都能出席决策讨论会，这些决策使通用电气在美国经济疲软的时代，依然取得了优秀的业绩。

2. 通过为员工设身处地的着想，增强员工的归属感，让员工从心理上把企业当作自己的“家”，进而产生主人翁意识。

西门子公司开发的“新员工融入计划”就是一个能够很好培养新人归属感的典型。西门子从新员工的心理出发，设身处地考虑新员工进入一个陌生环境的心理，既关心新员工，又不给其压力，尽量为他们创造轻松的第一天，温馨的第一天、难忘的第一天。

进入西门子之前，人事部会通知公司前台每一名新员工报到的时间，及时安排在职员工到前台迎接新员工。新员工被带到各自部门时，办公桌、电脑、电话、名片、移动电话、网络、电子信箱、文具等所有的办公用品早已准备妥当，桌上摆着漂亮的鲜花欢迎新员工的到来，同时还有一张欢迎卡，上面详细说明入职第一天的日程安排。周到、人性化措施马上给新员工以家的感觉，让他们感受到西门子的细致、人性管理的风格。这也会让新员工明白应该如何对待其他同事。接下来，西门子会为新员工安排一名老员工做向导，引导新员工适应公司环境，带领他们签订劳动合同，为其提供一些诸如员工手册、公司内部管理制度等资料，指导他们登录公司内部网站查阅了解更多的信息。

试用期内，西门子会为新员工介绍公司的组织机构、企业文化及其工作内容等，组织新员工参加新员工研讨会，帮助新员工了解在未来的几个月时间内能够学到什么、理解什么以及做到什么，帮助新员工建立内部的工作网络，等等。西门子所做的一切无疑会使新员工感受到强烈的归属感，并在接下来的工作中自然产生为企业效力的主人翁意识。

3. 让员工能够分享企业成功的果实，为员工创造实现自身价值的平台。

员工参加工作，其根本目的是为了赚取足够的财富，以养家糊口，过上更好的生活。企业在发展的过程当中，如果能够建立逻辑关系明确的收入分配机制，让员工能够分享企业成功的果实，员工就会把企业的发展当作自己的事业来努力经营。

根据马斯洛的需求理论，员工如果在满足了生理需求之后，会逐步向心理需求方面发展，希望获得社会地位、他人认同等。企业如果能够创造条件，给予员工实现自身价值的平台，那么员工的责任感和归属感就会进一步加强。

一千个企业有一千种做法，去树立员工的主人翁意识，但其根本都是“以人为本”，从员工的需求出发，才能让措施行之有效。

【肯定】任用能者，敢于任用比自己能力强的人

"敢不敢用比自己强的人?"这恐怕是管理者在用人中对自己最大的考验，同样也是最容易犯的错误。

有句有趣的歇后语叫：武大郎开店——不允许伙计比自己"高"。这虽然是一句戏语，然而这种情况在工作中却是非常常见的，这种心态放在职场上我们就叫做"武大郎"心态。

"武大郎"画像：

1. "他都比我强了，那其他员工眼里，他是领导还是我是领导?"

2. "他都比我强了，那我以后威信何在？其他员工会不会不服我?"

3. "他都比我强了，日后会不会取而代之？那我岂不是养虎为患?"

4. "他都比我强了，迟早要自立门户，我现在给他机会，不等于是给自己培养竞争对手吗?"

……

这种"武大郎"心态说到底是一种弱者的心态，外表的强硬正透露出内心的虚弱，反映出管理者自信心的极大缺失。真正的强者，愿意接纳桀骜不驯的下属，因为他有信心，他能控制局面。这样的领导关心的并不是别人对

自己是否顺从，因为他有能力赢得别人真正的尊敬，他看重的是人的才能，也更关注企业发展的大计。

在知识经济时代，管理者更需要有敢于和善于使用强者的胆量和能力。但是在实际的工作中，有“武大郎”心态的管理者却乐意雇用比自己稍逊一筹的人做下属，其本意是怕有能力的下属会抢去自己的风头。拥有这种想法的管理者，久而久之就会使自己变成“侏儒”，企业也会随之变成“侏儒企业”。

春秋战国时，有位著名的军事大师名叫鬼谷子。此人排兵布阵、调兵遣将如有神助。他有两个得意的学生——庞涓和孙膑，后来庞涓在魏国做了魏惠王的将军，深得魏王的信任，可他自以为才能不及孙膑，便阴谋派人把孙膑骗来。孙膑到了魏国以后，庞涓越发害怕孙膑的才能被魏王发现，因此更加嫉恨他，于是蓄意用计陷害孙膑，假借法令挖去他的膝盖骨，并在他的额头刺字。庞涓的目的是想把孙膑埋没起来，让世上再没有同他竞争的对手。后来孙膑逃到齐国，协助齐国大将军田忌打败魏兵，杀了庞涓。庞涓因气量狭隘，没保住官还丢了小命，更落了个千古骂名，被世人所耻笑。

在“武大郎”心态的支配下，管理者往往会有意无意地疏远、压制有才能的人，从而严重挫伤这类员工的积极性。企业领导千万不要把自己的企业办成“武大郎”的烧饼店。

美国钢铁大王卡耐基的墓志铭一直被商界人士传为佳话，因为上面这样写道：“这里长眠着一位先知，他勇于用比自己强的人才！”

没错，一流的人选一流的人才，二流的人选三流的人才。古今中外，凡成大事者，无一不是敢于使用比自己能力强的一流人才。刘邦重用张良、韩信、萧何，刘备三顾茅庐请诸葛亮出山，这都是有大智慧的领导者才有的高明举动。唐太宗李世民说，他之所以能够开创贞观之治，就在于“自古帝王往往妒忌有才能的人，而我见到别人的才能，就把它当作是我自己的才能。”

美国奥格尔维·马瑟公司总裁奥格尔维召开了一次特别的董事会议，他在每个董事的座椅上放了一个精致的玩具娃娃。落座后，董事们面面相觑，丈二和尚摸不着头脑。这时，奥格尔维叫他们打开玩具娃娃。大家打开后，发现里面有一个小洋娃娃，再打开，里面有一个更小的洋娃娃，他们继续打开，里面的洋娃娃一个比一个小。当打开最里面最小的洋娃娃时，呈现在大家眼前的是由奥格尔维亲笔题写的一张小纸条：“如果经常雇用比你弱小的人，将来我们将变成矮人公司。如果你每次都雇用比你能力强的人，我们的公司将变成巨人公司。”

凡欲成大事的企业家，他都能够把比自己能力强的人才招揽到自己旗下，并且诚心相待。对于企业管理者来说，任用能力比自己强的人才，也要掌握一定的技巧。

“管理者”画像：

1. 管理者要敢于承认，“强人”强于自己。

有能力的人才是企业求之不得的，特别是对正处在发展上升期的企业。个人的能力和才干都是有限的，所谓“闻道有先后，术业有专攻”。管理者也不可能在各个方面都比下属优秀，即使再能干的领导，也要借助他人的智慧。

正如一位企业管理者所说的：“纳众言方能得人心，得人心方能得人智，得人智方能成大事。一个优秀的企业管理者，就是一个出色的织锦人，只有善于借用下属的智能，才能织成美丽的锦裳；也只有下属之中人才辈出，才能锦上添花。”

2. 既要容人之长，又要容人之短。

人才也是人，有其长就会有其短。容人之长是每位管理者应有的觉悟、胸怀和品格。对强于自己的人才更要热情扶持，破格使用，甚至待遇也作适当提高，这样才能鼓励更多的人才冒尖，充分发挥他们的真才实干，为企业多做贡献。只有做到对人宽宏大度，才能感人肺腑，令人尊重，也才能为企业吸引大批贤才。

“容人之短”很好理解，但是做起来却不那么容易，古往今来，大凡有见识、有能力成就一番事业的人，无不有着与众不同的个性和特点。他们不仅优点突出，而且缺点也很明显。因此，管理者用人，当用那些长处明显而短处不严重的人。要因人而用，不要削足适履。

3. 不耻下问，向比自己强的人才取经。

当遇到能力比自己强的下属时，管理者不妨放下领导的架子，向对方虚心请教，共同探讨。这样不仅可以迅速丰富提高自己，尽快让自己掌握更多新的知识，而且能加深与员工之间的感情，跟团队成员打成一片，这样的管理者更能赢得员工发自内心的尊重和爱戴，利于日后工作开展。

4. 善于管理“强者”，制度与感情并举。

俗话说：“自古能人难求也难用。”“强人”难免恃才傲物，目中无人，所以要有制度约束，要多与之进行思想沟通交流，力争达成共识和共鸣。要给他挑战性的工作，千方百计地调动他的积极性，让他出色地完成工作，让他的潜能得到最大的发挥，让他的才华得到施展，给他足够施展的舞台和成就感。

5. 公平公正，对待“强人”和其他员工要不偏不倚。

“木秀于林，风必摧之。”“强人”往往容易招致别人的嫉妒，在公司成为众矢之的，如果管理者再一味地偏袒，可能会导致整个团队怨声载道，工作不能顺利开展。作为管理者，一定要照顾团队中所有成员的心理需求，营造一个团结合作、积极进取的健康工作氛围。引导“强人”和团队其他成员完美融合，这样既能留住人才，还能够让企业中涌现出更多的强者。

管理者只有敢于并善于用比自己强的人才，才能让更多的“强者”围绕在自己身旁，并形成一个人才群体，从而使下属各尽其才，各尽其能，一起铸就巨人企业！

【提拔】大胆提拔，不拘一格

2013 年，在互联网上有一则新闻被炒作得沸沸扬扬。

引发网友热议的是“重庆武隆县女干部 19 岁当副乡长”事件，争议的焦点是质疑当事人李泞玉升得太快。

李泞玉升职的始末如下：

1998 年，经重庆市政府批准后，武隆县进行乡镇体制调整，全县 37 个乡镇撤分到 46 个乡镇，全县新设 9 个乡镇，急需配备领导干部，按领导班子结构要求，每个乡镇领导班子原则上都要配备 1 名年轻干部和 1 名女干部，所以当时一批优秀的年轻干部被提拔到领导岗位，李泞玉就是其中的一名。

事情发生后，重庆市武隆县委组织部回应称，当事人李泞玉简历属实，提拔担任副乡长当时在边远地区属正常现象。

虽然李泞玉的选拔流程符合规定，但因为李泞玉的年纪太小，只有 19 岁，因而受到广泛的质疑。那么，李泞玉究竟表现如何呢？经过十几年的时间，李泞玉历任副乡长、副镇长、团委书记、镇长、镇党委书记，直至目前的副县长。就李泞玉目前的年纪来说，30 来岁的女性县级主管领导，可以说得上是年轻有为，看来当初的破格提拔并没有错。

国家党政机关用人如此，企业用人也不例外。对于业绩好、肯干事、敢挑重担的员工，就要不拘一格，破格提拔，在这方面华为的任正非有着丰富的经验。

在一篇题为《任正非十论干部选拔：猛将必发于卒伍，宰相必取于州郡》的文章中，详细讲述了任正非关于破格使用人才的理论。

为什么不敢破格使用？为什么不学习美国军队？诺曼底登陆的时候，李奇微还是个少校，指挥82师的一个营；到朝鲜战场的时候，已经成了“联合国军”总司令；后来他接替艾森豪威尔任北约组织武装部队最高司令。短短八年时间就能有这么大的提升。为什么华为就不能这么选干部？我们还是要选一些战略狂人上来，我们才能占领战略要地。发现谁是千里马，就把谁用起来。华为公司已经没有秘密可保了，这个人靠得住、那个人靠不住的时代已经过去了。现在就是谁品德好，谁有能力，谁上去。当然你能力好，但品德不好，我也不用你。

对优秀干部要敢于破格提拔。我们过去太强调公平了，我们现在已经有公平的基础了，接下来就是要敢于破格。基层员工摆平了，我该给优秀的涨就涨了，有啥了不起的？本来世界就不公平，我们也不怕一般员工跑了。领袖型的人物你不抓紧时间提拔，等到上航空母舰的时候，他都勾腰驼背，指挥不动作战了，人的青春也就这么十几年。人力资源委员会在破格提拔上还是要敢于决策，这样才能留住人心，留住人，否则的话，像有的公司挖我们一个干部过去，就把国际市场做起来了。

“不拘一格降人才”，创造条件使优秀干部和专家快速成长，承担更大的责任，是在当前经营环境下激发组织活力，加快干部与专家队伍建设，保证公司持续有效增长的重要战略性举措。为此，公司已有的干部任用、个人职级管理规则和程序的基础上，建立针对优秀人员的破格升级制度。

破格升级指的是：符合条件的人员，可不受其现有个人职级限制，直接选拔任用到与其所担责任对应的岗位上；在其岗位对应的职级范围内，实现超出现有规则要求的个人职级破格提升。原则上每次个人职级最大升幅不超过三级。

上述破格升级适用于以下人群：在其岗位上长期绩效结果表现突出，为同层级员工的标杆类人员；勇于奔赴和扎根海外艰苦地区或挑战性岗位，并作出突出贡献者；在重大项目、竞争项目、公司变革项目中，勇挑重担，绩效结果突出的骨干员工；在新的业务领域，敢冒风险、勇于挑战、取得突出成绩的干部；临危受命，不畏艰难，最终彻底或很大程度扭转不利的经营或管理局面的干部与骨干员工。

原则上获得破格升级人员应满足以下条件：在其岗位上工作已满一年及以上，或在重大项目中至少完成一个周期的任务，且绩效结果优秀的（劳动态度评估结果不作为破格升级的必要条件）；且在日常工作中表现出认同并践行核心价值观、敢于担当、不推诿、不抱怨，积极进取的行为。

以上各类人员的破格升级可按照一定的程序实行授权审批；原则上可适用现有流程的按现有流程执行；若现有流程无法支撑的，则制定专项审批流程，以使审批既规范又具一定的灵活性。

从任正非的用人观念中，我们提炼出破格提拔人才的几个要点。

第一，在当今这个人才即核心，竞争极为激烈的社会，不拘一格，破格提拔企业急需的人才，已经不再是一种需要莫大勇气才能进行的行为，而是成了攸关企业生死的关键，将成为企业用人的一种常态，需要形成企业的制度。

第二，破格提升，并非没有限度，其尺度应该是在人才原有岗位基础上适度提拔。一方面是因为如果骤然提升到过高的岗位，人才在工作经验和能力方面没有线性相关，容易导致提拔失败；另一方面，也是考虑到适度提升可以使人才保持动力，能够有进一步进取的空间。

第三，破格提拔应有一定的依据，比如，必须符合企业价值观、能力卓越、业绩突出、不畏艰难、踏实肯干，只有这些堪为员工表率的人才被破格提拔之后，才能使其他员工心服口服，进而起到对全体员工的激励作用。

第四，破格提拔应有一定的流程，应实行集体决策，避免将破格提拔变成某些人滥用职权的工具。

【淘汰】淘汰不合格者

人类进化到今天是物竞天择，适者生存的结果。企业在市场经济的大潮中，载沉载浮，同样面临着随时被淘汰的命运。为了在市场中保持不败的地位，必须在企业内部也引入淘汰机制，做到绩效高者奖励、绩效差者淘汰，始终为员工敲响警钟，让员工处于一种亢奋状态。

曾静初是一家公司的销售人员。在刚刚进入公司的时候，曾静初工作非常认真，尽管由于能力不是很强，业绩始终处于中游，但曾静初并没有放弃，而是一直兢兢业业，尽自己最大努力，把工作做好。

但是一段时间过去了，曾静初发现：在自己的部门里，有几个同事工作敷衍了事，销售业绩一直未能达标。而公司却因为这些员工入职时间较长，算得上公司的元老，对这些员工没有采取任何有效的管理措施，即使处罚也不痛不痒。

这个发现让曾静初的积极性大为消退，慢慢变得和那几个老员工一样。同时，销售部的整体业绩也日渐下滑。

在每个企业当中，都存在一些业绩不佳、态度不端正的员工。对于这些员工，如果批评教育、绩效鼓励的措施不能奏效，就必须果断予以淘汰，不然就会出现上文中曾静初的情况，好的员工被坏的风气感染。

在企业当中推行淘汰机制，应从招聘环节抓起，并做好相关的配套工作，避免矫枉过正，真正发挥出淘汰机制的正面作用。

第一，对于招聘进入公司的新员工，要把好试用关。一旦员工转正，再想辞退他们，将会付出相对较高的代价。对于新招募的员工，我们在招募的环节中，就应该根据需求，明确岗位的工作职责和人员入职要求，以此作为员工试用期考核的基本依据。在试用期当中，应该有选择地安排新员工尝试进行一些重点工作，以考察该员工是否合格。对于不合格者，要尽早淘汰。

第二，要针对企业的实际情况和各个岗位不同的特点，因地制宜地建立绩效考核体系，尽可能地细化考核标准，以便于对员工的绩效做出合理的考评。

第三，淘汰机制应以“震慑”为主，起到的作用应该是“敲山震虎”“杀鸡给猴看”，而不是将所有有问题的、绩效不佳的员工一网打尽。

对于大部分的问题员工，还是要以帮助改进为主。比如，某个员工的绩效考核结果不佳，管理者应该认真分析员工绩效不好的原因是什么？如果是员工所具备的素质和能力与现有的工作岗位不匹配，则可以考虑进行工作轮换、降职等方式进行处理；如果员工的工作态度比较积极，同时对于现有工作也比较有兴趣的情况下，企业可以考虑加强培训的方式，针对员工在工作中比较薄弱的环节进行培训以提升其工作能力，经过一段时间后再重新上岗；只有那些确实是不努力工作、消极怠工，经过谈话又拒不改正的，才应采取淘汰的方式。

兴华公司是一家成立五年的企业。公司发展到现在，已经有近300名员工。由于公司规模的扩大，人员的增多，出现了许多管理上的问题。其中，最为突出的，就是整个公司员工的绩效水平，相对几年前刚创业的时候，有了很大的下滑。为了解决这个问题，闫总招聘了一名经验丰富的人力资源经理李经理。

李经理到任后，很快根据公司的实际情况，建立了一套绩效管理体系。经过三个月的运行，在季度考核中，筛选出了一部分业绩较差的员工。按照闫总的想法，既然这批员工绩效见底，那就按照“末位淘汰”的原则，直接辞退好了。

李经理对此提出了异议。李经理的意见是：绩效管理体系，重在绩效管理和提高，考核只是手段，不是目的。对于绩效表现不佳的员工，要找出问题的根源，予以解决。对于这次考核结果不佳的员工，除了个别几个，面谈和绩效改进无效的员工应该辞退之外，其他的员工应该进行适当绩效扣款即可。

最终，闫总同意按照李经理的意见，仅淘汰了三名屡教不改的员工。事实上，三名员工的淘汰，已经极大地震动了整个公司。在随后的几个月中，整个公司的绩效获得了很大的改善。

有趣的是，李经理虽然对于淘汰员工持温和态度，但每个季度都有1～2名员工被淘汰，这使得兴华公司的员工始终处于一种“兴奋”状态，并没有因为绩效体系运行时间拉长而放松“警惕”。

第四，淘汰不合格的员工应该作为一项制度长期坚持。

海尔、联想、华为等知名企业，都实行了“末位淘汰制”。

第五，在实施淘汰的时候，与员工接触，要注意方式方法，不要伤害员工的自尊心，避免矛盾激化，带来不必要的损失。

【巧妙】巧妙任用“怪才”和“刺儿头”型人才

在每个企业当中，都或多或少有一些“怪才”和“刺儿头”，这些员工性格古怪、难以相处，是让许多管理者都感到棘手的人物。所谓“怪才”，就是拥有一定才能，甚至是能力很强，但是脾气古怪、异于常人的人，比如金庸小说《倚天屠龙记》中的蝶谷医仙胡青牛，就有“见死不救”的怪癖。所谓“刺儿头”，就是像仙人掌一样，浑身都是刺的人，普通人难以接近。这些“怪才”和“刺儿头”之所以让人感到棘手，主要是因为他们在做人做事上，有着非常强的自主原则。企业的条条框框对他们的约束力很低，长此以往，会演变成这些员工不服从管理，破坏企业管理秩序的情况。

黄岗电子厂是一个典型的生产企业，企业的主要业务是为知名电子厂商做元器件的OEM加工。由于电子元器件的加工订单在很大程度上受市场供需状况的影响，这导致整个工厂的工作时间不太规律。有时候为了赶工，车间里的工人们会三班倒、连轴转，劳动强度很大。

在黄岗电子厂的生产车间里，有一个员工名叫陈小七。陈小七的技术很厉害，工作效率也很高，曾经参加工厂组织的技术大比拼，并得到冠军。就是这么一个业务能手，在几任车间主任的眼中，都是一个“刺儿头”。原来，由于陈小七个人能力很强，分配给每个员工的加工任务，陈小七只用半天的时间就能完成。于是陈小七在正常的工作时间以外，就不愿意多加班，并且会理直气壮地拒绝车间主任的加班要求，这就导致了车间主任的个人威信受到挑战。但是由于陈小七技术过硬，许多车间里的技术难题还需要他来解决，几任车间主任都拿他没有办法。久而久之，陈小七就变成了车间里的“刺儿头”，大的问题没有，就是老喜欢和领导顶牛。

陈小七之所以会成为“刺儿头”，是因为他认为上级要求所有员工加班的决定有问题，而这个矛盾非但没有得到很好的解决，误会还越积越深，最终变成了现在这样。像陈小七这样的情况，并不少见。许多“怪才”“刺儿头”，最开始他们并不“怪”，也没有“刺儿”，只是随着误会、矛盾的加深，问题才变得严重起来。

对于这些“怪才”和“刺儿头”型员工，如果能够认真分析他们变成现在这样的原因，加强与他们的沟通，给予他们必要的尊重，因势利导，不但能够将不利因素转化为有利因素，还能达到意想不到的效果。

陈小七所在的生产车间又来了一位新的车间主任。这位车间主任与几位前任都不同。新的车间主任平易近人，能够主动从员工的角度出发考虑问题，既能完成工厂领导交代的任务，又能积极维护职工的权益，因而得到了车间多数员工的尊重。

对于陈小七的情况，车间主任也早有耳闻。他认为陈小七的诉求有其合理的地方，而且放着陈小七这么一个技术能手而不加以充分利用，对公司、对个人都是一个损失。经过几次沟通，新的车间主任得到了陈小七的初步认同。随后两人达成了一个协议：由陈小七领导车间的一个班组，负责一日三班当中的一个班次。如果陈小七领导的班次提前完成了当日的工作任务，那么他们可以自由选择是继续加班获得加班费，或者是提前下班，早点休息。

车间主任的举措获得了意想不到的收获。由于陈小七所在的班组总是能够提前完成工作任务，他们连续二个月都得到了比其他班组更多的收入，而且工作时间并没有延长，这让其他的两个班组很是“眼红”。于是，另外两名与陈小七情况类似的“刺儿头”被启用。最终的结果是车间的工作效率比以往提升了很多，工厂的效益也越来越好，新的车间主任也得到工厂领导赏识，被提拔到了更重要的工作岗位。

由于对陈小七这个“刺儿头”的善加使用，车间主任获得了意想不到的成功，不仅提升了车间的工作效率，自身职位也得到了提升。

想要善用“怪才”和“刺儿头”型员工，必须摸清这些员工的特点，根据不同的情况，采取不同的措施。一般来说，“怪才”和“刺儿头”型员工分为以下几种，相应的对应措施如下：

1. 如陈小七这种，有才能、有想法，经常会对于上级的指令提出不同的意见。

如果强制打压，就会打击这些员工的积极性。对于这些员工，要尊重他们，正视他们的意见并做出有理有据的回复。如果员工的能力够强，还可以考虑放手让他们独当一面，充分发挥其能力。

2. 纯属无理取闹的“刺儿头”。

对待这些刺儿头，如果不能果断辞退，就要采取强硬手段来加以约束，否则他们会成为企业当中的负能量，消耗企业前进的动力。

【激励】给予有效激励

为了使员工能够积极工作，最大限度地做出应有的贡献，企业的管理者需要经常对员工进行各种激励，保持其士气和战斗力。但如何进行激励，却是一个难题。就像人们喜欢吃糖，有些人喜欢一直吃一种糖，而且百吃不厌，而另外一些人则喜欢不断变换糖果的品种，追求新的口味。如果将错误的糖果给了错误的人，有时候非但不能起到激励的效果，还会产生反作用。

赵妍琳是中年公司的骨干员工。最近公司正准备建立 ISO9001：2008 质量管理体系，由于赵妍琳业务能力出众，而且之前参加过 ISO 体系的相关培训，公司将这项工作交给她来负责。而赵妍琳也不负众望，根据 ISO 体系的要求，先后组织召开了多次宣传会、协调会，将质量管理的相关知识在全公司传达透彻，并且按照要求修改了组织的工作流程，完善了文件管理制度，将公司的质量管理水平提升了一个台阶。

为了激励赵妍琳继续保持这种工作状态，表彰她在 ISO 质量体系建立中的成绩，公司领导决定发给赵妍琳奖金 1000 元。但是奖金发放下去之后，事情却起了变化。赵妍琳的工作积极性慢慢消退，甚至出现了工作懈怠的情况。

公司领导对此大为不解。经过人力资源部门与赵妍琳的几次沟通，才了解到是这次激励的手段出现了问题。作为公司的骨干员工，赵妍琳积极工作的目的是希望能够获得更高的职位，在更广阔的平台上实现自我的价值。为此，赵妍琳对于领导交办的工作都能够认真完成，并且举一反三，充分考虑到这项工作涉及的方方面面。而在这次质量体系建立的过程当中，赵妍琳的管理、协调等各方面能力也充分展示了出来，得到了公司上上下下的认同。赵妍琳本来以为这次任务圆满完成后，公司领导能够提拔她到一个更重要的岗位，但结果却是得到了1000元的奖金，这让赵妍琳大失所望，于是才出现了上文所述的情况。

赵妍琳的事例给我们的启示是，每个人都有不同的需求，如果能够找准个人需求，给予适当的激励，将起到事半功倍的效果，反之则会事与愿违。

根据马斯洛的需求理论，我们把需求分成生理需求、安全需求、爱和归属感、尊重和自我实现五类，依次由较低层次到较高层次排列。每个员工参加工作，都是为了满足一定的需求。大多数的员工工作是为了赚钱养家，也就是满足生理需求，这时候对他们最好的激励就是物质层面的激励，这也是企业最常用的激励手段。而对于收入稳定，生活有了保障的一些人来说，得到其他人的尊重，让自我的价值得到实现，才是他们的需求，就如上文中的赵妍琳一样。作为骨干员工，收入不低，这时，奖金对他们的激励已经不大，他们开始有了实现自我的需求。

了解了员工的需求，我们就能对症下药，将员工最为偏好的东西送上，必能极大地调动员工的工作积极性。

马斯洛需求层次理论

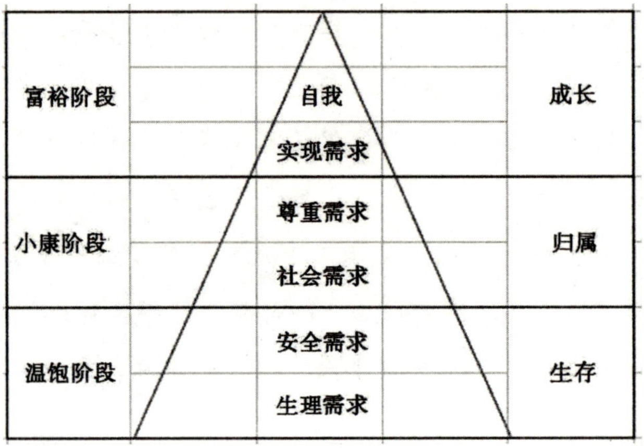

要对员工进行有效的激励，除了最根本的——从员工的需求出发之外，还要做好以下几点：

1. 建立真正适合企业的绩效考核体系和与之配套的激励约束机制。

根据企业的情况，绩效考核机制并不需要大而全，简单、有效，能为全体员工接受和理解的绩效机制才是好的机制。比如生产车间，谁生产的产品用料省、速度快、质量好，谁的绩效就高。而对于绩效考核当中的优秀员工，要及时奖励，主动激励；对于表现不好的员工，也要采取相应的措施，促使员工改进绩效。

2. 正向激励的面不易太广，频率不易太高，要将好钢用到刀刃上，真正起到示范作用。

激励的面太广，一方面是成本高，另一方面是会演变成福利、大锅饭，失去激励的作用。激励过于频繁，对员工的触动就会降低，所谓“一鼓作气、再而衰、三而竭”。激励的刺激作用，只有在员工初次体验到的时候，才会最为明显。之后，为了提升激励的效果，就需要适当地延长激励的时间间隔。

3. 对于员工的激励，要采取“部分满足”的方式，不能一次“喂饱”。

调动员工的积极性，有时候就像是养狼。不给狼吃肉，它会饿死。给它吃太多了，它就会丧失狼性，失去进取的精神。

4. 要始终将物质激励和精神激励结合起来。

人类既有生理上的需求，也有心理上的需求。马斯洛需求理论揭示的需求，指的是某一阶段，人们最为明显的需求。并不是说急于满足生理需求的员工，在安全、尊重、自我实现上就没有需求了。表扬、荣誉感、开心的工作氛围，都能让员工在工作上有不同的表现。

【褒贬】表扬与批评的艺术

在管理当中实现有效激励，还应该用好表扬与批评这两种手段。员工就像学生，管理者要像老师那样，对于对的东西要及时表扬，对于错的东西要及时指正。但是员工毕竟不是学生，他们已经成熟，有自己的世界观和人生观，这就要求我们在表扬和批评的时候，要注意方法，讲究艺术。

程曦和王岩都是风华公司生产车间的员工。程曦是班组长，王岩是程曦的属下，一名操作工人。程曦的优点是在组织工人们协同工作上有长处，正是因为这个长处，程曦被提拔为班组长。程曦的短板是作为班组长，生产技术水平一般。王岩的优点是技术水平高，缺点是有些浮躁。

程曦非常清楚自己的短板。但他害怕有损自己的威信，因此不好意思向自己的属下王岩请教，而是利用空闲时间钻研，希望提高技术水平。结果一段时间过去了，程曦一个人闷头钻研，却没有获得较大的提升。

有一天，车间主任在全车间职工会议上讲到了员工们的技术问题。车间主任没有多想，就对程曦提出了批评，认为他身为班组长，不努力钻研技术，到现在还在班组长当中吊车尾。又对王岩提出了表扬，说程曦应该多向王岩学习。

会后，程曦在和员工们打交道时，总觉得车间员工的眼里带着一种幸灾乐祸的嘲讽眼神，这让程曦觉得浑身不得劲，因此，工作效率大打折扣，而王岩因为得到了车间主任的公开表扬，整个人都表现得很不安分，不时在别的员工面前炫耀，甚至对程曦安排的工作也不时提出质疑。

车间主任对程曦和王岩工作情况的临时发挥，就是典型的没有注意表扬和批评的方法。这样非但没有起到应有的作用，还适得其反。车间主任表扬王岩是对的，但是表扬的方向应该是鼓励王岩继续钻研，百尺竿头更进一步，而不是将程曦和王岩作对比，对程曦的批评，车间主任则是没有考虑到批评的场所和方式。作为班组长，程曦是称职的，而且本人也一直在想办法弥补短板，只是方法没有找对。车间主任公开批评程曦，给程曦的工作带来了困扰。其实，车间主任正确的做法应该是在私下场合，提醒程曦，了解具体情况，想办法帮助程曦改进。

要想正确发挥表扬与批评的效力，必须注意以下几点：

1. 要在充分掌握事实的情况下，进行表扬与批评，做到有的放矢。

没有掌握具体情况，就贸然做出表扬和批评，有可能会造成负面的效果，比如上文中车间主任对程曦的批评就有失偏颇，批评的事实本身就存在问题。在掌握事实的基础上进行表扬和批评，还意味着要适度，既不能夸大问题，也不能缩小。

2. 要注意表扬和批评的目的，不能为了表扬而表扬，也不能为了批评而批评。

表扬的目的是为了鼓励好的方面，比如员工做出成绩，需要继续发扬；工作中有了进步，需要继续努力。批评的目的则是“惩前毖后，治病救人”。如果表扬和批评不能达到上述目的，就不能盲目行动，上文中车间主任的盲动就是例子。

3. 表扬和批评要注意场合。

上文中车间主任的表扬和批评就没有选对场合。曾国藩曾经对他的弟弟曾国华说过一句话："扬善于公庭，规过于私室。"意思是说，对立有战功的将士要公开表扬、奖励，而对违反军规、犯有过失的将士则应在私下批评，帮助其改正。用现在的话来说，就是表扬要公开表扬，批评要私下进行。

4. 对不同的对象，要采取不同的表扬和批评方法。

对于那些性格开朗，不喜欢计较的人，可以在适当的场合直接表扬和批评。对待这种类型的员工，我们就事论事，把情况讲清楚，拍拍肩膀，就能达到目的。而对于性格内向，思维活跃的人，就要给予真诚的表扬，委婉的批评，既照顾员工的面子，又要表述清楚。这类员工通常自尊心也比较强，情绪比较敏感，进行批评教育的时候，一定要字斟句酌，不能有侮辱或者是容易引起误会的词语出现。

5. 表扬和批评要及时。

一件好人好事，或者一个错误或者过失，过了很久才有相应的评价，那么激励约束的效果将大打折扣，员工也会不以为然。比如某个员工在工作当中马虎了事、偷奸耍滑，在刚发现时不予以规劝批评，等员工形成习惯，很难改正的时候，再采取行动就太晚了。又比如，某个员工在生产时注意节约各种原料和资源，那么就一定要当场表扬鼓励，这样这个"善"行才能得到延续，否则员工发现节约不节约一个样，天长日久，"善"行的动力就会消磨殆尽。

6. 表扬和批评时，还要注意观察员工的反应，倾听员工的见解。

员工对于表扬如果表现为发自内心的高兴，则达到了表扬的效果。如果仅仅是敷衍地笑笑，或者毫无反应，则要考虑表扬的方式是否正确。对于批评，员工通常会有解释，这时候我们要仔细倾听，认真分析。如果员工说的有道理，我们就要采纳。切忌不问青红皂白，上来就是一顿狂批。

【挑战】让工作变得趣味盎然、富于挑战性

工作就像马拉松，很难让人从头到尾保持激情，往往到了后面，就会有人麻木、有人掉队、有人放弃，始终坚定认为自己能够到达终点的人非常少见。如何让工作变得趣味盎然、富有挑战性，是每个管理者都需要面对的问题。

张先生是一家生产企业的车间主任。最近客户的订单越来越多，但车间员工们的工作效率却一点都没有提升。不仅如此，由于劳动强度大，员工们休息时间减少，产品质量还出现了下滑的趋势。

面对这种情况，张主任连续召开了三次会议，希望员工们能够打起精神，撑过眼前的生产高峰期。张主任甚至对二名出错率较高的员工进行了处罚，还提出下次将对表现不佳的员工加重处罚力度。

可是张主任的措施，并没有起到应有的作用。在张主任的高压之下，员工们的工作效率不仅没有提升，反而开始有了下滑的趋势，还有一名员工提出了辞职。

张主任的做法和许多管理者一样，都是采取行政命令、强迫的方式。不可否认，这也是企业管理当中使用最频繁、最直接的方式。但是在很多情况

下，这种方式的效果并不好，甚至可能出现负面效果，这时候就需要另辟蹊径了。

企业的管理层对车间的生产情况很不满意，要求张主任尽快想出解决办法。

张主任在求得高人指点之后，采取了新举措。

首先，他根据员工们的诉求，满足了一部分员工换岗的愿望，使这部分员工获得了“履新”的新鲜感。由于是与原有岗位不同的工作内容，这部分员工的积极性在“好奇心”的驱使下，有了一定的提升。

其次，他让员工们互相负责产品检查工作，对于每满100件产品，没有次品出现的员工，给予物质奖励。由于在潜意识中担心被其他员工发现问题，批评自己，因此员工们在生产时，比原来要仔细得多。而且100件产品无错有奖的举措，又使得工作变得富有挑战性，奖励触手可及。这样一来，产品的质量得到了大幅的提升。

第三，张主任请行政部门改善了生产环境，增加了员工休息室、娱乐室，允许员工每工作一小时，可以休息十分钟。在这十分钟当中，员工可以喝茶、喝咖啡，甚至在娱乐室打打乒乓球。而且根据作业的要求，张主任在车间张贴了一些幽默的工作漫画，并且定期更换，员工们在不经意间看到这些漫画，都会觉得心情放松。

经过这几项举措，车间的工作氛围逐渐恢复正常，生产效率得到了提升，终于在规定的时间内，完成了工作任务。

强制的办法不能奏效，张主任从工作的趣味性上入手，增加了工作的挑战性，一举扭转了不利局面，最终完成了工作任务。这说明如果能够让工作变得有趣，有时候能够带来意想不到的良好效果。

想办法将单调的工作变得充满变化，让工作就像玩游戏，能够挑战并克服难关，能够完成挑战并获得奖励，能够升级职位或者提升薪酬，就能把原本“马拉松”式的工作变得生动起来。可以参考的举措如下：

1. 允许员工换岗、轮岗，改变岗位工作内容，能够让员工保持工作的新鲜性，让员工有“尝鲜”的机会。

2. 设置员工可以实现的挑战目标，实现之后有奖，奖励的形式多变，让员工始终有“夺奖”的冲动。

3. 改变工作环境，让员工每天都在新“家”里工作，消除心理疲劳。

4. 鼓励员工发现并上报工作流程优化办法，钻研技术革新办法，并对每个言之成理的方案进行奖励，对于切实可行的方案给予重奖。

就像成绩好的学生，通常都热爱学习，把学习视为一种乐趣来享受。让工作变得有趣味，除了外在的改变之外，让员工自己喜欢上工作，享受工作的乐趣，工作效率会得到更大的提升。

为了让员工喜欢上工作，管理者要积极引导，在潜移默化当中，让员工做出改变。比如在企业当中营造全员爱岗敬业的文化氛围，向员工宣传工作不仅仅是谋生的手段，也是实现自我价值，获取社会地位的捷径，并在企业当中树立典型。为每一个员工进行职业规划，为员工铺平在企业的发展道路，让员工觉得工作不是为了别人，而是为了自己。

【竞争】引进“鲶鱼”，让团队形成良性竞争

据说挪威人喜欢吃沙丁鱼，尤其是活鱼。市场上活鱼的价格要比死鱼高许多。所以渔民总是想方设法地让沙丁鱼活着回到渔港。可是虽然经过种种努力，绝大部分沙丁鱼还是会在中途因窒息而死亡。但有一位船长总能让大部分沙丁鱼活着回到渔港。直到船长去世，谜底才揭开。原来是船长在装满沙丁鱼的鱼槽里放进了一条以沙丁鱼为主要食物的鲶鱼。鲶鱼进入鱼槽后，由于环境陌生，便四处游动。沙丁鱼见了鲶鱼十分紧张，左冲右突，四处躲避，加速游动。这样沙丁鱼缺氧的问题就迎刃而解了，沙丁鱼也就不会死了。这样一来，一条条沙丁鱼活蹦乱跳地回到了渔港。这就是著名的“鲶鱼效应”。

由于鲶鱼的出现，沙丁鱼的生存受到了威胁，激起了沙丁鱼的求生本能，使其存活率得到了提升。这种自然现象被应用到企业管理中，就是通过引入外部的竞争和威胁，让员工感受到危机，从而激发员工的积极性和工作潜能，让团队形成良性竞争。

A公司是一家大型的国有原材料生产加工企业。由于历史的原因，企业负担重，管理机制僵化，企业的工作效率非常低下。

对于这种情况，企业的管理层非常着急，经过研究决定首先对人力资源管理制度进行改革。目前，A 公司的员工主要有三种构成，一是 20 世纪进入企业的老员工，这部分约占 30%；二是企业老员工的子女及其他“关系户”，这部分约占 50%；三是从社会上招聘的各类人才，这部分约占 20%。从员工的构成上来看，由于老员工及关系户占大头，企业的活力不足，改革难度较大。针对这种情况，企业管理层痛下决心，以按照贡献论收入的原则为指导，修改了薪酬制度，增加了绩效管理体系，为激发员工的积极性打下了基础。

为了进一步打破企业内部活力不足的情况，根据“鲶鱼效应”的原理，企业管理层准备从外部高薪引入一条凶猛的“鲶鱼”。考虑到销售部的业绩水平是比较容易量化的，而且也是最容易变动的，公司决定引入一条“鲶鱼”进入销售部。进入销售部的“鲶鱼”姓周，曾经担任世界五百强企业销售部负责人，进入 A 公司担任第一销售部的高级经理。

周经理入职后，工作积极主动，加上其在世界五百强企业中学到的先进管理经验和销售经验，很快引领第一销售部获得了可喜的成绩，整个销售部的员工都得到了不菲的奖金。企业管理层又适时宣布了在销售部进行末位淘汰——销售业绩最差的部门经理将调离经理岗位，销售业绩最差的销售员将停职重新学习。种种措施下来，整个销售部的工作热情被调动，销售部各团队之间你追我赶，企业的销售业绩逐步上升。这时管理层再次宣布，将把销售部的做法推广到整个企业。一时间 A 公司内部的“水”被彻底搅动，员工活力大为上升。

A 公司引入的“鲶鱼”很成功地激发了员工的工作热情。此后，A 公司每年都会根据各部门的工作情况，有选择地引进一些格外凶猛的“鲶鱼”，而 A 公司的“沙丁鱼”们也纷纷受到刺激，表现出与以往截然不同的活力。

“鲶鱼”用好了，能给企业带来很大的改变，帮助企业增加活力，提高企业的竞争能力。但是“鲶鱼效应”要成功生效，本身应具备一定的条件：

1. 企业内部、团队之间要有能够形成公平竞争的土壤。

如上文例子中那样，A公司在引入“鲶鱼”之前，已经痛下决心，对薪酬制度和绩效管理进行改革，在员工当中普及了以贡献论收入的理念。这就为下一步销售团队的改革打下了基础。而且，在引入第一条“鲶鱼”时，又特别选择了销售部。原因在于销售人员本身就直面市场竞争的大潮，销售人员的待遇和收入原本就和业绩挂钩，这样在内部引入竞争，接受度就会相对较高，不会引起反弹。

2. 要把握好“鲶鱼”的质量和数量。

引入的“鲶鱼”要足够凶猛，能够在把水搅浑的同时，还不被“沙丁鱼”同化。A公司引进的销售部周经理，来自世界五百强企业，拥有先进的管理和销售经验，到岗后能够很快融入工作，并做出成绩。在引入“鲶鱼”的数量上，也要注意。“鲶鱼”不能太多，太多了会把“沙丁鱼”都吃光，自己也将陷入饿死的境地。

3. 在引入“鲶鱼”的过程中，公司管理层要始终对“鲶鱼”的工作予以支持。

在企业文化上，要注意营造公平公正的环境，保证“鲶鱼”能够发挥自己的作用，不会中了黑枪或者误食了“鱼饵”，防止“鲶鱼”成为企业改革的牺牲品。

第七章
天下英雄尽入吾彀矣——企业的文化

【吸引】不用利益吸引员工，而是要用企业文化

古人云：上下交征利而国危矣。一个国家，如果上上下下互相争夺利益，那国家就危险了。同理，在一个企业里面，建立在金钱和权利基础上的合作是不能长久的。道理很简单：人们对金钱与升迁的欲望是无限的。任何一家企业的文化都是独一无二、无法模仿的，如果员工认同企业文化，就很难再真正接受另一种企业文化。唯有建立在价值观认同基础上的忠诚，才是持续且难以改变的，才是一种发自内心的精神追随。

A 公司是一家大型国有生产企业，成立至今 23 年，目前拥有的员工数量达 2000 人。公司人才储备充足、结构均衡、素质优秀。公司的中层管理者有将近 300 人，分布于企业 40 个职能和生产部门，A 公司的中层管理者部门分布广，所占的比重大，掌控着企业的各项框架工作的核心和命脉，是企业宝贵的人力资源。但是近年来，企业中出现了中层管理者大量流失的现象。截至 2011 年 9 月底，公司中层管理人员流失率达到 12.8%，统计显示，流失主要去向包括：系统内升迁或平调，同类新建企业“挖墙脚”，南下进入新型同类企业等。

A 公司拥有健全完善的组织结构和人力资源框架体系，实现了生产稳定、管理高效、效益持续。然而像 A 公司这样处于黄金阶段，能够为员工提供

"温和安逸"工作环境的成熟企业，却并不能完全吸引和留住人才，特别是中层管理者这一核心力量。主要原因有两点，第一是岗位吸引能力下降，A公司历经20年急速发展壮大之后，进入成熟稳定时期，岗位挑战性的下降，中层职业薪金涨势不明显，势必会造成人才流失尤其是中坚力量的流失。二是缺乏职位提升空间。像A公司这样的国有企业，高层管理岗位都是一个萝卜一个坑，一定时期内出现高层空缺岗位，实属不易。

由此可见，企业发展到一定阶段，仅靠利益留住人才是很难达到效果的。企业管理者怎样才能让核心员工留下来，赢得核心员工对企业的认同，可以从三个方面入手。

1. "同道"者是选择的第一要义。

首先通过"招聘"，遴选"同道中人"。"道不同不相为谋"，通过招聘可从源头筛选出潜在的"易感人群"和"同道者"，为企业文化获得认同打下第一层基础。只有企业和员工的价值观"性相近""习相投"，才有相互融合的基础，进而也才更容易相互认同。

其次通过培训，培养员工的认同感。企业针对核心员工进行价值观方面的培训。

杰克·韦尔奇在任期间的工作重心之一，就是巡回于GE总部及遍布世界各地的分支机构，进行价值观方面的演讲。这取得了非凡的效果，不仅使GE成为全球最受尊敬的企业之一，也为自己赢得了"世界头号经理人"的殊荣。此外，还可以搞专题教育、拓展训练及一系列相关活动，但讲故事是其中最有效的方式之一。把企业价值理念故事化及故事理念化，并配合有效宣传，这对培养员工的认同感能起到很好的效果。

最后是老员工的言传身教及员工在工作过程中的耳濡目染，都有助于培养员工对企业价值观的认同。企业文化氛围愈浓厚，效果愈明显。

2. “画饼”与“制度建设”“套牢”员工。

首先是愿景引导与气氛渲染。愿景，是企业价值观的形象化和具体化。企业的发展愿景纳入员工愿景，将组织的利益与员工个人的利益（即包括：物质利益、情感归属、成就欲求等）密切挂钩，使员工正确地、深刻地认识到个人与组织在利益上的一致，在心理上产生利益相关、命运与共的情感。

其次是制度推进与组织保障。设计有利于培养员工认同感的制度与组织形式、完善企业内部激励机制和绩效考核机制、创设和谐的人文环境、提供更多的升迁机会，为员工创造成长和发展的空间，实现自我价值。

3. “魅力四射”折服员工。

美国军事家克里奇曾经说过：没有不好的组织，只有不好的领导；好领导者是好组织的塑造者。因此，与其说是员工对企业价值观的认同，不如说是员工对企业家价值观的认同。但要让员工认同企业家的价值观，仅靠“权威”这类“硬性要素”是绝对达不到的。

一只老鼠爬到佛像头上，看到下面有许多人在向它跪拜，十分得意，以为自己就是神了。一只野猫扑过来要吃掉它。老鼠说：“你不能吃我。”野猫问为什么，老鼠说：“我是神，你没看见下面的人都在向我跪拜吗？”野猫冷笑一声：“人们向你跪拜，不是因为你，而是因为你所处的位置！”所以，权力与地位并不能使人真正对你心悦诚服。

要真正让员工心甘情愿地认同，首先要靠管理者自身的“软性要素”：能力、人格、对员工的关怀，等等。其次，还要凭借超凡的人格魅力让员工心存敬仰。作为管理者，首先要自正其心、自省其身、自修其行，然后才有资格也才有可能正人之心、省人之身、修人之行，才能聚人之气、合人之力，领袖群伦，所向披靡。第三，要通过心系员工、共谋福祉的理念与行为获得员工的拥戴与追随，因为，只有上下同欲者才能胜。

实际上，企业主体的三个层面：员工（民）、企业（社稷）及管理者（君）正对应了孟子提出的民为贵，社稷次之，君为轻。这正是企业赢得员工认同的要义。

【引导】入职引导，帮助新员工尽快融入企业

新员工是公司的新鲜血液，是公司发展的新动力。但一名新员工加入企业后，面对周围的陌生面孔、全新的工作，心中充满不安，可能会怀疑同事是否欢迎自己，怀疑自己是否有能力胜任新工作，或者发现公司允诺的条件没有落实到实处等，这些都有可能导致新员工在试用期内离职。

某企业招聘了刚大学毕业的李虹做总经理助理，李虹无论外形条件、个人素质都非常符合岗位需求，但是李虹入职一个半月就向领导提出了离职。李虹给出的理由是自己无法胜任新工作。

李虹的直接上司找到她谈话，与她进行了深入的沟通，才发现原来首先是公司允诺的薪资与实际领到的工资有出入，财务部门并没有事先说明，让她有种受骗的感觉。其次是李虹作为总经理助理，在她入职后，总经理并没有跟她明确交代工作的职责，布置工作后很少告诉她如何开展。李虹也会询问总经理工作需要注意哪些方面，但总经理总因事务繁忙，很少给予建设性的指导，这导致李虹在处理工作的时候，由于本身对工作开展的方向不太明确，各个职能部门的人员又不是很熟悉，效率很低，每天工作压力很大。一旦做得不好，她还会受到领导的批评和其他同事的冷嘲热讽。

总经理知道李虹离职的真实原因后，认识到是自己没有很好地引导李虹

融入新公司，于是，积极与李虹进行了沟通，并详细告诉她工作需要负责的内容，希望李虹能再坚持一个月。之后一个月，总经理带着李虹与各个职能部门的领导认识，并在布置每份工作的时候，都会详细告诉李虹如何开展。李虹在接下来的一个月里，每项工作都能顺利完成，也与总经理建立了很默契的工作关系。

李虹作为新员工入职后，一开始没有很好地融入企业，导致她有离职的打算，后期在公司总经理的引导和帮助下，很快成了一名优秀的员工。因此，帮助新员工尽快融入企业，是企业培养一个优秀人才的重要一步。那么，如何帮助新员工驱走陌生感，帮助和引导他们解决困惑和问题？如何使新员工更好更快地融入团队？如何留住新员工呢？

对新员工的引导和帮助，一方面需要企业给予充分的重视，另一方面企业应该有健全、合理的帮助体系，避免体系流于形式。

首先，对新员工的帮助与引导可以划分为三个阶段，即入职前、入职当日、入职后，主要由人力资源部及用人部门实施：

1. 入职前准备主要是对新员工的办公环境、办公用具及入职后工作内容进行准备。

2. 入职当日帮助新员工入职，主要以欢迎新员工加入并帮助新员工了解、熟悉工作环境为主，并充分体现公司的重视和关怀。

3. 入职后的引导与帮助是新员工融入角色的关键。它能充分体现公司的人文关怀，缓解员工的心理压力，让员工从心理上适应公司现状，理解和接纳公司的价值观和文化。

从用人部门来看，主要应从工作辅导和心理帮助两方面对新员工实施引导和帮助。

1. 对新员工的工作辅导主要由新员工导师负责实施，工作辅导主要有以下几个方面：

A. 帮助新员工解决工作中的实际困难与困惑。

B. 帮助新员工分辨“噪音”，减少工作困惑。

C. 帮助新员工理顺工作思路和工作流程，修正工作方法和工作习惯。

D. 定期（每月）帮助新员工进行工作回顾与总结，对新员工工作表现及时评价，工作表现好，要表扬，有做得不好的地方要合理地提出来，并指导他们改进。

2. 日常心理帮助通过非正式面谈沟通，了解其心理困惑，帮助和引导新员工缓解心理压力，从心理上适应工作环境、工作内容。同时，帮助新员工处理工作压力，协调工作中的人际关系。另外，对新员工的引导和帮助，仅仅由人力资源部和用人部门实施是远远不够的，还需要公司员工的积极参与，不仅要通过各种欢迎仪式来迎接新员工，还要主动接纳他们，在工作上和生活上热心帮助他们，在每一次接触中，都给他们留下和善、友好、亲近的印象，用真诚、热情去接纳和感动每一位新员工，用细节感动人，留住新员工的“心”。

3. 公司要帮助新员工进行职业生涯的引导和规划。

职业生涯引导和规划是指结合自身条件和现实环境，确立自己的职业目标，选择职业道路，制定相应的培训、教育、工作计划，并按照职业生涯发展的阶段实施具体行动，从而达到目标的过程。通过职业生涯辅导，帮助新员工认知其能力、兴趣、个性和价值观，引导新员工结合企业现实环境进行职业发展的“定向”“定位”“定心”，即做什么工作、如何去做、以什么样的心态去做。将员工个人职业生涯规划和企业对员工的职业规划有机结合，达到企业人才需求和员工职业需求之间的平衡，降低员工离职率。

【成长】让人才和企业共同成长

美国管理学大师彼得·德鲁克认为：再高明的制度，如果没有具有职业道德的员工和管理者的遵守，很快就会瓦解；再高效的组织，如果没有有效率的员工和管理者的支撑，组织效率也不可能得到实现。他表达的意思是：人是一切活动的核心和关键。

浙江永达实业集团有限公司从一家濒临破产的县级电线杆厂到现在构筑的现代工业、科技农业和商贸服务业“三足鼎立”的发展格局，闯出了一条“多元化经营、集团化管理”的发展道路。当企业的产品结构从单一的电力电杆向多元化方向发展时，用人成了关键。“永达发展到现在，下属的子公司就有17家（不包括安哥拉永达实业有限公司），员工有2000多人。我们要做的是把人培养好，让员工和企业共同成长。”永达集团人力资源部主任冯建平说。通过科学制定人才培养规划，建立健全培训、奖惩、用人机制，永达实现着员工队伍从数量、质量到人才结构的改善。

浙江永达实业集团实行了5到10年的人才培养计划，采用培训、考核、使用、待遇相结合的激励机制，为人才成长开辟新途径；“工学结合”使学生的专业教学，从课堂直接延伸到工作岗位，缩短了就业周期，增强了就业竞争力，为企业人才队伍储备了新鲜血液。“我们还打通了晋升通道，不定期邀请第三方对集团内管理人员进行职业化测评，通过考试、面试、平时业绩及第三方的职业测评成绩汇总后使能者上、庸者下，调动员工的积极性。”公司通过这些方式，让员工实现了自我成长与企业成长同步，确保了高级人才来得了、干得久、做得优。

由此可见，员工是企业的最大资源，人才是兴企强企的根本。企业管理者只有让员工与企业共同成长，才能构筑一个长盛不衰的企业。那么如何让员工与企业共同成长，需要从三个层面进行分析：

一是员工与企业的关系；二是面对员工，企业应该怎样做；三是面对企业，员工应该怎么做。这三点是企业的管理者和员工都必须要面对和深思的。

首先，员工与企业的关系是一种双向选择、相互依存，建立在共同价值观基础上的关系，同时也是需要双方共同呵护的关系。

邓华所在的龙旗科技是一家高科技企业，研发人员对于公司尤为重要。龙旗的核心使命是希望通过10年、20年的努力成为业界受尊重的公司。从公司使命出发，公司把核心人才当成一起奋战的战友，建立起很强的凝聚力。这些人才不仅在公司经营好的时候为公司效力，也能在公司跌入困境时，坚持奋战。作为企业管理者，邓华认为如果自己创业，要把企业的使命和人才观想清楚，而如果要打工，则也一定要了解公司的人才观。因此，在招聘新员工时，龙旗十分注重价值观的沟通，只有双方价值观相同，才作为选拔人才的前期条件。而对于比较高层的人员，公司都送他们去读EMBA，进行非常严格的培训计划，为人才发展提供良好的平台。

其次，面对员工，企业应该做的是向员工清晰地展现出企业的发展蓝图，让员工真正体验到企业的文化，让员工切实看到可以实现的预期，让员工感受到以人为本的关爱。

毫无疑问，企业可以给予员工的关爱是多方面的，落实员工的薪酬福利，规划员工的职业发展，提供公平竞争的环境，肯定员工的成绩，实现员工价值成长，是一种关爱；建立科学合理的管理制度，缩短管理链条、简化工作流程，明晰工作要求、优化考核指标，减少低效、无效劳动，提高整体工作效率，让员工充满信心地工作，是一种关爱；创造舒适的办公环境、就餐环境，丰富员工的文化和精神生活，塑造和谐的人际氛围，加强员工的情感关怀，切实为员工办实事、办好事，解决员工的实际困难，让员工快乐地工作，是一种关爱；建立畅通的渠道，使一线员工也能够与集团中高层管理者密切联系，保证员工的诉求得到及时回应和合理的解决，也是一种关爱；关心员工的心理动态，及时舒缓员工的心理压力和紧张情绪，帮助他们塑造阳光心态，让他们身心健康成长，都是一种关爱。当企业管理者为员工做得更多、更好、更细，员工的归属感，荣誉感和自豪感就更强，也会投入更多的努力在企业的发展中。

有个人老是觉得自己的命运不好，运气不佳，于是他就去找一个很有名的巫师占卜。他告诉巫师："我工作很努力，干得也很好，但为什么总是得不到领导和同事的认可？"巫师让他伸出左手，然后说："你的事业线和生命线都很直，很不错；钱财线虽然不及前两条，但是也够富足。"他听了就更加不理解："那为什么我总是无法取得进步？"巫师就让他把左手握成拳头，问道：

“现在三条线在哪里?”“在我的手里。”他顿时明悟：原来所有的命运和运气都掌握在自己的手里。

作为企业的员工，把握好手中的那根线，对自己工作的企业常怀感恩之心，始终对工作充满激情，不断要求自己，追求自我超越，正确对待同事，建立一个良好的自我约束体系，员工才能实现与企业的同生共长。

【思考】鼓励员工以企业家身份思考

日本著名企业家松下幸之助说："我的员工要像企业家那样思考，不能只像个被雇来干活的人。"一个员工，只有把公司当成一条与自己命运息息相关的船，像企业家一样去思考、工作，才能提升自己的能力，取得过人的业绩。

欧姆龙公司是日本第一家专门从事工业自动化产品生产的公司，目前分支机构已遍及全球。欧姆龙的产品包括工业自动化设备及系统、控制设备元件、公共自动化设备及系统、健康医疗设备和办公自动化设备，这些产品已广泛应用于社会生产、生活的各个方面。而这些成果源于欧姆龙的创始人立石一真强调的：企业要让每位员工像企业家一样思考自己的工作。

因此，培养员工从企业的角度思考很重要。企业管理者只有对每一位员工的健康、个人需求及状况进行开放式对话，让企业中的每个人都感到自如舒适，才能使整个团队从他们整体的智慧中获得的益处大于个体的综合。

要实现员工与企业家一样思考，具体措施有以下几点：

1. 企业的管理者要学会充分放权。

只有当员工有一定的职能权利，才能保证员工的创新思考转化为现实生产力。而且，放权能让上一层经理人思考更高层次、更深远的战略问题。

某公司某车间岗位设置如下：车间主任一名，工人若干名。车间主任，大学本科学历，29 岁，正规院校相关专业的毕业生。工作态度端正，尽职尽责，管理有思路，外围员工也认为这个车间的工作尚可。但是，本车间人员却始终不能认可这位主任，对他一肚子意见，车间整体工作受到阻碍。

通过调查了解，虽然这位主任吃苦耐劳，工作尽心尽力，但是员工最不满意的地方，是他的管理方法上存在的一些问题——授权问题。这位主任在日常工作中大事小事，事必躬亲，惟恐出现差错，过分强调了基层管理人员“身体力行”的作用，弄得工人手足无措。不知道授权，导致车间形成了“领导干，工人看”的局面，同时造成了员工一致的抵抗情绪。

从以上案例中，可以看出一个简单的问题，作为管理人员，要给自己一个合理的定位，根据自己的管理需要，恰当的授权可以促进工作进步，如果不懂得授权，反而会影响工作。管理是一门学问，而授权是管理中的艺术，是通过别人来实现自己目标的艺术。作为一名管理者，尤其是高层管理者，若想真正通过下属实现你的预期目标，就要学会授权。

2. 鼓励公司员工创新。

欧姆龙公司不仅长期在经营哲学方面教育员工，在制度上也有许多保障。欧姆龙工厂的“改善小组”就是极具特色的举措之一。改善小组由来自不同部门的员工组成，他们定期坐在一起，根据从顾客方面获得的信息，共同探讨可以改善的方面。在欧姆龙总部，还设有“改革奖”“创新奖”，这些奖项不仅针对新的产品，也表彰各种创新的行为，无论服务于哪个部门，每位职员都有可能因为自己的杰出创造力获得奖项。

另外，欧姆龙还废除了年功序列制，鼓励内部创业，让年轻人有机会施展才华。它成立了许多“微型公司”，鼓励有潜力的员工走出去当总经理。

如果员工没有努力工作的动机，管理者实际上就无法做任何事，不可能有效地开展自己的工作。作为企业管理者，必须不断找到切实有效的办法去团结你的员工，唤起他们对组织和组织目标的认同和热情。人们愿意去做的事往往是和他们自身利益息息相关的事情，所以，作为一个管理者，要引导员工认识到组织的利益和他们自己的福利是一体的。这样，员工自然会有努力工作的动力，激发潜在的灵感，因为这样做也正是他们自己的利益所在。

【归属】文化建设，是加强员工归属感的关键

企业的成功不一定靠企业文化，但是成功之后的企业要想继续保持必定要有自己的文化，企业文化已经成为影响企业未来发展的一种非常重要的因素。现在很多很好的产品和服务由于在企业文化方面的缺陷而导致失败。

重庆《西南商报》就曾以“百万货款掉陷阱，众多商家被‘套牢’”为题报道了中旺集团四川分公司涉嫌挪用当地经销商货款高达100万元，长达8个月之久。2006年11月公司开始大量拖欠员工工资，有的长达半年。2007年上半年，中旺集团下辖的各地分公司员工以及总部员工，至少有2000人离职。

可惜的是，在企业步入如此危险的境地时，管理者并没有意识到是企业文化出了问题，还以为只是资金问题，他们全力以赴进行融资。其实即便是融资成功，也只能解一时之急，因为很难从根本上摆脱困境。人才的凋零，社会信誉度的丧失是很难挽回的。

企业文化是在企业内部营造了一种独特的工作环境和文化氛围，形成强烈的凝聚力、向心力，使员工对企业产生强烈的归属感，进而影响企业日常

的生产建设，提高企业的竞争力。中旺集团如果能确立一套先进的企业文化，员工有了对企业文化的信仰，才会有对企业的忠诚，才会有人在企业陷入困局的关键时刻挺身而出。

古井酒厂建于1957年。建厂初期，共有32名职工，12间简陋厂房，1口酿酒锅甑，7条发酵池。1963年“古井贡酒”被评为8大名酒第二名，30多年来荣获各种奖项近100种。目前，古井酒厂已发展成为以名优白酒生产为龙头，致力多元化经营和国际化发展、集科工贸为一体的大型集团公司，拥有50多家子公司。古井集团现有员工6000余人，总资产约25亿元，净资产15亿元。

古井集团在从一个传统手工酿酒作坊向多元化经营的企业集团发展的过程中，实现了企业快速健康的发展。这些归咎于企业以“效忠古井、业绩报国”为使命，树立了“敢为人先”“四子”立业学说的古井精神，通过“三层文化”的系统运作方法、“两场效应”的管理文化，走出了一条“名牌、名企、名人”的发展道路，培育了独具特色的“以人为本、天人合一”的古井文化，实现了人才的聚集效应。

企业文化是一个企业的无形资产。企业通过不断增强员工的价值认同度、文化融入度、感情交流度、成长自信度和管理参与度，以此切实提高员工的归属感。

1. 提高员工归属感必须增强价值认同度。

一方面，员工应清晰认知自己在企业的角色定位，正确解决好自身思想观念的导向问题。即：我到企业的动机是什么？我所追求的目标同企业的目标理念是否一致？如何与企业共同发展，并实现自我价值？如何采取正确的行动，履行自己的义务与责任？从而使自己尽职尽责，努力实现自己对企业的承诺，以达到考核目标和企业愿景的实现。

另一方面，企业要对员工的付出在物质和精神上给予充分认可，尽可能使企业价值和员工个人价值相对平衡统一，具体体现在员工的工资、福利和其他有效的精神激励上。

2. 提高员工归属感必须增强文化浓郁度。

企业文化是企业的黏合剂，可以把员工紧紧地黏合、团结在一起，使他们目的明确、协调一致。加强企业文化建设，增强企业文化浓郁度，从而规范员工行为，塑造企业形象，提升行业管理水平，增强行业凝聚力和竞争力。文化浓郁度的高低直接关系到企业员工归属感的强弱。

3. 提高员工归属感必须增强感情交流度。

杰克·韦尔奇有一句名言是“沟通、沟通、再沟通”，可见情感交流与沟通在企业中的强大作用。有效畅通的沟通渠道可以实现领导和员工之间心与心的交流，可以促进员工彼此之间思维的碰撞、感情的升华，从而避免一切不必要的误会，释放心理上的不满情绪，形成在管理架构和同事之间的公开、自由、诚实、互信、开放的情感沟通氛围。

4. 提高员工归属感必须增强成长自信度。

首先必须加强机制建设，为员工未来价值提升搭建平台，打破各种框框限制，打通员工提升发展通道。其次要创造公平的工作和发展环境，最大限度地维护好使用人才的公正性，让上有上的理由，下有下的原因，千万不能单凭管理者个人的喜好，甚至利用见不得光的各种关系违规用人。

5. 提高员工归属感必须增强管理参与度。

企业是家，员工是家中一员，他们应该担当起家庭成员这个角色，提高管理企业的参与度，增强企业员工主人翁意识和责任，员工才会拿出全部的热情和努力为企业所想所做。

一个企业要基业长青、前途无量，关键在于是否能够吸引人才、用好人才、留住人才。企业管理者只有扎扎实实、真真切切地把员工放在心上，最大限度地发挥员工的主观能动性和创造性，使员工打心眼里把企业当作共荣辱、同命运的“大家庭”，使员工从内心深处构建起强烈的归属感和成就感。

【快乐】鼓励每一个员工都身心快乐

员工进入职场后，会遇到各种问题和烦恼，如“工作没做完，培训就不参加了！”“我夜以继日地干活，领导还不满意，我实在太忙了。”“我不开心，想辞职！”等消极的想法。那么作为企业管理者，建立一个让员工身心愉悦的工作环境是至关重要的。

现代管理大师彼得·德鲁克曾经说过：“企业只有一项真正的资源：人。”而追求快乐是人的天性，这源于人趋乐避苦的本能，快乐也永远是人类社会永恒的追求。快乐是一种感觉，更是一种生活方式。《美国行为科学》杂志在2004年发表的一项针对60个业务团队的研究发现，拥有活跃氛围并相互鼓舞的业务团队，利润和客户满意率都更高。密歇根大学2001年的一项研究发现，感觉愉悦或满意的人，比情绪消极的人思路更加开阔，更有创造性，所能接受的行动选项也更多。2005年《心理学公报》发表的一项调查研究也显示，人越快乐，在工作中出现失误的机会就越少，老板给予的评价也越积极。相反，枯燥乏味的工作、生活是扼杀员工创造力的致命因素。

人一生大部分时间都在工作，而工作与快乐并不是矛盾的，是可以并存的。企业管理者如果能让员工在工作中寻找到快乐和满足感，那么不论遇到什么样的不确定因素，企业都可以成功应对，因为积极的心态就是企业未来发展的出口。那么如何让员快乐工作呢?

员工快乐工作需要具备四个要素：

1. 快乐工作的源泉，是让员工形成正确的工作态度。

从前有双胞胎兄弟俩，父母都酗酒、打麻将，每天晚上父母只要一输钱或者喝多了，必定回去大吵大闹，几乎天天如此，好不容易盼到父母赢钱又不喝酒的时候，他们唯一得到的奖励仅仅是能安静地吃一顿父母做的饭。就这样他们慢慢长大，但是他们的人生轨迹却朝着完全不同的方向发展。弟弟刻苦学习，努力挣脱宿命对他的种种不公，最终取得了成功。相反哥哥从小就和一些不学无术之人混在一起，无恶不作。当弟弟获得成功的那一天，正是哥哥锒铛入狱之时，因为弟弟的原因，他们接受了记者的采访，被问到了同样的问题：是什么使你变成今天这样？哥哥回答：这都是命。弟弟也回答：这都是命！

通过上述案例可以看出，不同的人，对待同一个事物会有不同的心态。

不同的人：同样的遭遇 + 不同的态度 = 不同的人生。

同一个人：同样的遭遇 + 不同的心态 = 不同的局面。

所以，企业管理者要让员工形成积极工作的态度，就让他们少一些抱怨，多一些参与。

2. 快乐工作的关键，是提高员工的工作效率。

提高工作效率的方法就是保持最佳的工作激情，积极主动，认真负责，而不是敷衍了事、拖拖拉拉地工作；选择正确的工作方向；选择最好的工作方法，俗话说“磨刀不误砍柴工”“工欲善其事，必先利其器”，只有用好了方法，才能减少不必要的时间和金钱上的浪费。

3. 快乐工作的助力器，是建立融洽的人际关系和良好的学习能力。

要创造幸福，全靠我们自己，而不只是“我”自己。

有一位新来的公交车司机，他主动和每一位上车的乘客问好、打招呼。刚开始有些人还不太习惯，但是看到这位司机和每一个人都这样友好时，整个车厢充满了温馨。由于心情好的缘故，在上下车时，每一个人都彼此点一下头，而且还相互礼让，这样，大家每天都带着好心情去上班。

因为一个司机的缘故，改变了整个车厢的环境，而这一个小小的环境的改变又如湖水中的涟漪一样，渐渐扩散开去，改变更大的环境。当每一个人都心情愉悦地走向自己的工作岗位时，他们的心中充满了友爱和温馨，于是人与人之间就充满了感情。

所以好的人际关系，是建立在良好的沟通上的，而有效的沟通，需要有好的沟通态度，学习正确的沟通方式。

好的沟通态度是：不要把自己的不愉快传递给与你接触的人；要自信；提出有价值的问题和解决方案。有效的沟通方式是：不要指责对方；用真诚的态度让别人相信你。

4. 快乐工作的保障，合理安排工作时间。

可以采用六点优先工作制，即分别从“1”到“6”标出六件最重要的事情。每天一开始，先全力以赴做好标为“1”的事情，直到它被完成，然后再全力以赴做标号为“2”的事，以此类推。

当企业员工具备四个快乐工作的素质，企业管理者要适时为员工鼓舞士气，让员工更加快乐地工作，与“职场机器人”说再见，乐享工作。

第八章
众人拾柴火焰高——打造正能量的团队

【榜样】兵熊熊一个，将熊熊一窝

“以身作则、身先士卒”是我国传统文化中关于榜样领导的哲学，它放在当今社会依然适用。一个人的领导力是由最细微的行动构成的，每一天、每一时刻的坚持不懈也同样是领导者不可或缺的。现代企业管理者，要坚持“以榜样为领导、以自身为楷模”的榜样领导原则，就要以自身的言行带动团队能力的提升，以自身作为团队和下属的标杆，将团队执行力和创新能力孕育在规范的言行举止之中，如此才能影响他人，形成榜样的力量。

明朝文治武功最鼎盛的莫过于明成祖朱棣，他一生征战无数，取得了非常辉煌的战绩。可以说，不论是作为将领和统帅，还是作为一个皇帝，朱棣都是成功的。朱棣每次率军作战，都是身先士卒、带头冲杀。在白沟河战役中，面对数十万敌军，他不顾自身安危，亲自率领数千骑兵冲入敌阵。麾下将士也因此受到激励，个个悍不畏死、奋勇拼杀，最终大败敌军，以少胜多，赢得了这场战役。白沟河战役的胜利也使得朱棣成功实现了战略上的主动，彻底扭转了“靖难之役”以来的被动局面，为其最终登上帝位奠定了基础。

“以古为镜，可以知兴替；以人为镜，可以明得失。”明成祖朱棣的成功告诉我们一个道理，榜样的力量是无穷的。现代社会，一个企业就是一个舞台，真正优秀的管理者能通过自己的榜样作用影响别人，使别人成为追随者，跟他一起干，同时鼓舞下属朝着工作的预定目标迈进，给他们追求成功的力量。

微软的成功，作为企业的管理者，比尔·盖茨的个人行为起着不容忽视的作用。1992年，《财富》杂志笔者准备写一篇有关盖茨成功的故事，盖茨首先邀请他去旁听著名的“盖茨式产品会议”。在会议室里，盖茨和负责某一条产品线的团队进行了长达4个小时的紧张讨论。

整个会议过程让人印象深刻。许多其他公司的首席执行官只与部门主管面谈，部门主管再与项目经理交流，而后项目经理才和每个员工进行讨论。盖茨却把与该产品线有关的所有员工都召集起来，进行了一场激烈的、马拉松式的讨论。在这个过程中，每个员工都能看到盖茨是如何提出疑问，并反驳某些观点的，他们有了近距离了解盖茨的思维模式的机会。

当员工崇拜某个企业管理者时，他们会不由自主地把该管理者作为自己效仿的榜样，然后把自己和他们某些方面联系起来。接着就会身不由己地遵从他们的行为规范。尤其是当他们的行为重复不断地发生的时候。微软员工对于比尔·盖茨更是如此。据说在刚开始经营微软公司的时候，比尔·盖茨总习惯在开会的时候，前后不停地晃动身体，尽管他这种行为的原因无从考证，不过有趣的事情发生了，微软的许多管理者和工程师都开始模仿盖茨前后摇摆的习惯。

“火车跑得快，全靠车头带。”将领带头往前冲，后面的战士受到影响也会跟着一起冲。那么，现代企业的管理者要起到这个“火车头”的作用，就需要注意以下几个方面。

1. 凝聚人才要有真才实干。

俗话说“酒香不怕巷子深”，只要自己有本领，就不怕没有人知道。但处在信息化社会，一个人要成功不仅要有才能，同时还要有展示自我才能吸引别人注意的艺术。等待别人发现不如自己积极表现，化被动为主动，成功的企业管理者要善于积极地表现自己最高的才能，以及各种各样的处理问题的方式。这样不但可以表现自己，也可吸收别人的经验，同时收获谦虚的美誉。管理者要想成为一名出色的，具有号召力的领导者，在适当的场合、适当的时候，以适当的方式向同事和下属表现你的业绩，这是很有必要的。因为一个没有才能的领导，只能是庸官，是绝对不能赢得人心的。

2. 领导者要“以身作则”，这决定了团队整体的执行力和协作能力。

人的多面性，决定了人既有长处，也有短处。那么如何扬长避短，以身作则，带领团队高效地完成既定的计划，这是现代领导者必备的素质。如何最大限度地发挥自己的领导风范呢？请记住“尽善尽美”四个字。事情无大小，每做一件事，总要竭尽全力求其完美，不要只满足于“还可以”“差不多”。领导的身先士卒，事事追求完美，才可能激发组织整体的能力和意愿，也有助于企业文化的培养和核心竞争力的建立。

3. 企业管理者要让自身才能自然流露。

虽然领导要将自身这坛美酒的香味传播出去，但是推销的方式，却需要技巧。个人的才智和能力越是自然地流露，越是能够影响人心。成功的领导者从不夸耀自己的功绩，而是让其自然地流露着。比如总结工作时，不妨说：“我做了某事……但不知做得怎么样，还望大家多提意见。”这样你不仅表现了自己，又充分体现了谦虚的美德。如果以居功的口气直接向大家说：“我做了某事，这事很不简单，做起来真不容易，具有多么高的价值……”这样，管理者在大家心目中的形象就会受到损害，同时也会降低管理者在大家心目中的领导价值和地位。

【会议】会议中要增加正能量

据统计，在英国每天大约有400万个小时被用于团队的会议，在美国平均每天要举行1100次的团队会议。《哈佛商业评论》调查发现，每个主管每天用于正式会议的时间达到了3.5个小时，用于非正式会议的时间大约是1小时。

不难看出，很多人，尤其是管理人员用于会议的时间甚至超过整个工作时间的一半以上，不难相信，工作的成效跟会议的效果紧密相关。会议能给企业带来的好处有以下几点：

1. 开会是一种群体决策的方式，可以避免结论的片面性。

2. 通过会议让大家面对面地沟通和交流，可以弥合工作中的一些裂痕。

3. 会议比简单地发一个文件更有效，因为会议是通过互动把某些观点提升、提炼、进行有效加工的过程。

4. 会议能够让与会者参与决策，更容易执行会议所定的目标和任务。

5. 会议也是一种有效的培训，是进行信息交流和培训的很好方式。

然而现实情况，很多企业的会议，80%的开会时间会被浪费掉。会出现不守时、不负责、议而不决、不执行等不良倾向。

王明到一个新公司，他的上级主管很喜欢开会，但是每次开会，都是冗长无比，且每次都没有明确的结果。本来一个小时的事情，在他的会上，说着说着，就说成了别的事情，而且是大家七嘴八舌，议论纷纷，他自己也说得不亦乐乎，结果时间一分一分地过去了，要下班了，才发现会议问题还没有讨论完，只有延长会议，他不停地讲，员工却在不停地看表，焦急万分。等到讨论问题时，员工都不表态，他说一个方案，下面都是附和声，最后的结果就是管理者的一言堂，开会基本解决不了任何问题。员工每次听到要开会都会皱起眉头。

企业管理者召开会议，为公司发展寻求更佳的解决方案，就需要在会议中注入正能量，让会议发挥它本来的作用。一个高效的富有正能量的会议应该做到流程科学、员工参与度高、问题解决速度快、执行力强。

首先，开始会议内容的准备。作为主持人要清楚会议流程和注意事项。

其次，进行会议的开场白。介绍会议参与者以及向参会者说明希望他们在会议中做出哪些行为。如：时间安排、议事方式、纪律规则，还有表明会议的基调，鼓励参与者，创造良好的气氛。

再次，会议中营造积极的会议气氛。营造积极的会议气氛并非会议组织者或者主持人单方面的责任，所有与会人员都需要付出努力。参会者之间的关系、讨论的情况、会议主题等都会影响到会议的气氛。积极的会议气氛有助于参会者保持开放的心态，提高会议效率，达成会议目标。

营造会议气氛，首先要合理分配发言时间，参与者之间保持坦诚，进行积极有效的沟通，如果遇到时间紧张，可以采取另类的会议形式，提高会议的效率。

最后，在会议过程中，可以运用英国人提出的六色帽子思维进行。

六种颜色代表问题讨论的六个阶段，等六色帽子依次戴完，问题的结论就得到了。六中颜色代表六种不同含义和要求。

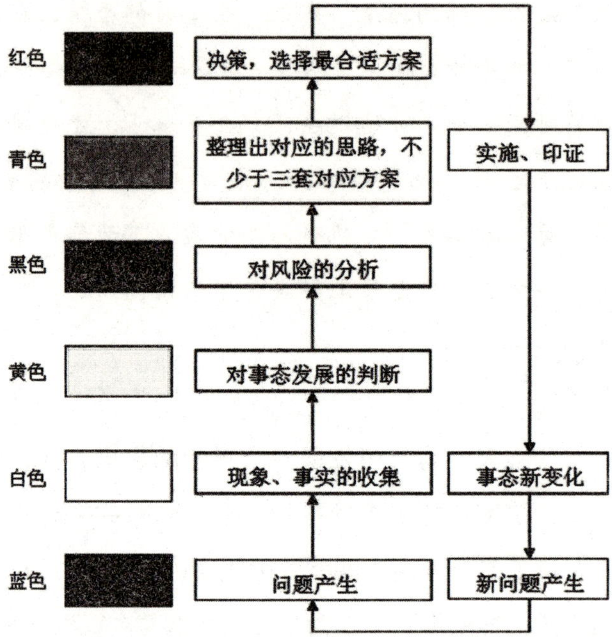

六色帽子思维图

1. 蓝色：代表包容与宽宏。

问题的提出，由会议主持人提出会议讨论的主题，并介绍目前知道的基本情况，以及要达到的目标与目前面临的困难。这个环节，会议的主持人很关键，是会议的引导人。

2. 白色：代表光明。

讨论的第一个阶段是事实的分析，也是我们常说的摆事实。大家依次发言，尽量全面地掌握事实。只有大家了解的事实是一样的、充分的，对事情的判断才是可比的、有建设性的。

3. 黄色：代表激情与梦想。

讨论的第二个阶段是对事情发展的判断。让大家尽量说出各种可能的判断，但不讨论其正确与否，都可以放开思路，激发灵感。

4. 黑色：代表困难与黑暗。

讨论的第三个阶段是对风险的判断。分析各种可能的困难与各种判断依据中的漏洞，让我们的头脑冷静下来，客观地看待目前的形势，审时度势。

5. 青色：代表生机与希望。

讨论的第四个阶段是观点与建议。在各种事实面前，看到了大家对事态发展的看法与风险的分析，大家的出发点就比较接近了，在尽量多发表建议的同时，提出建议的人也容易达成共识。

6. 红色：代表警惕和火热的激情。

决策阶段，在众多的建议中优选出可行的、必须的、紧急的，并形成大家一致认可的建议。红色有两层含义，一是说的再好也要落实到实际去干，事情才会有真正的进展。二是无论目前的问题多么严重，都要以一种火热的激情去面对，激情是支撑我们走向胜利的动力。

六色帽子方法的控制关键点，首先是主持人有控制局面的能力和良好的问题总结能力，这个方法不适合参会人员太多或太多的讨论。如果人多可以分组，最后再综合所有人的意见。

【疏导】把团队的怨气都发泄出来，企业才会走得更好

企业发展到一定阶段，招聘的员工会越来越多，要处理的问题也会越来越多，当出现新的决策和改革时，一些员工会因与自己期望不符的现象出现而心存怨怼。如果这些怨言增多而不及时解决，极有可能会危及公司的发展。

阿里巴巴的马云深知，即使是亲如兄弟姐妹的团队成员，也难免会产生矛盾，如果任矛盾长期积累下去而不去想办法解决，那么必然会降低团队的凝聚力和战斗力。所以从开始创业，马云就给团队定下一条原则，那就是团队中任何两个人发生矛盾，必须由他们自己面对面地解决。2000 年，在这支优秀的团队中，就曾爆发过第一次也是唯一一次风波。

首先，阿里巴巴融资之后逐渐壮大，招聘的员工也越来越多，再也不是当初他们 18 个人创业时的小作坊，因此划分部门、明确分工也就成了必然。在选择部门负责人这一问题上，马云提拔了孙彤宇、张瑛和彭蕾 3 人担任部门经理，这就导致 18 个创始人之间分为两拨，即 4 个“官”和 14 个“兵”，这种划分让其他没有担任职务，并且早就习惯了那种彼此不分职务高低，一起工作的“兵”感到难以接受。再加上平时忙于工作，18 个人见面沟通的机会就变得很少，于是在不知不觉中，他们之间的误解越来越深，矛盾和怨气也越积越多。

一天傍晚，14个“兵”没有邀请其他4个人，他们相约来到一家咖啡馆聚餐，在聊天的过程中，大家不知不觉就谈到了工作，于是越谈越激动，越谈越气愤。后来有人提议，既然大家已经积怨这么久了，应该让马云知道，于是，他们很快就写了满满一页的建议。当马云第二天收到信后，感到事态很严重，当天傍晚，他就把所有创始人召到一起。大家围着圆桌坐下后，马云说：“今天大家不用回去了，既然你们有那么多怨恨，很多人有委屈，现在当事人都在，都说出来，一个一个骂过来，想哭就哭，所有事都摊在桌面上，不摊完别走！”

因为之前的亲密无间，所以虽然有些人心有怨气，但是彼此之间毫无芥蒂，于是大家有一说一，纷纷把心中的怨气毫无保留地发泄出来。这次会议从晚上9点一直开到凌晨5点多，大家都得到了一次彻底的宣泄，而在马云的调解下，这些跟随马云少则两年多则五年的老战友，终于将所有的误会和矛盾都消除了。打开心结后，他们又成了一支所向披靡的队伍。

古今中外，有人的地方就有冲突、怨言，有问题就需要有人来解决，因此一个合格的管理者要做到的是及时发现矛盾、调和矛盾，化解怨气，防止因为矛盾激化而给企业造成损失。矛盾是否化解得好，从某种意义上来说会直接影响到一个企业的生存。

事实就是这样，怨气太少会让公司缺少生气，死气沉沉，而怨气太多又会让公司损失元气，举步维艰。一个聪明的管理者要清楚，员工的怨气没有大小与程度问题，不能说员工基本没有怨言，要懂得如何疏导员工的怨气。团队内有怨气，自然会产生冲突，国内外一些优秀的企业，都会把提倡良性冲突作为一种管理理念。

QR公司最近准备实施一项收购计划，但是CEO发现团队成员分成两派，一派对自己的做法表示拥护和支持，另一派则对这项收购计划表示怀疑，甚至两派中的部分人员已经发生了几次冲突。

于是，CEO 邀请所有成员进行了一次开诚布公的讨论，他告诉员工，他想知道所有人对这个收购计划的看法，希望他们能更深入地挖掘保留意见，能够对自己坦诚相待。当所有员工意识到 CEO 能容忍甚至接纳异议时，立刻展开了激烈的讨论，并提出了许多新的看法，最终大家达成共识，这项收购对公司整体发展规划的作用不大，因此 CEO 决定放弃，而员工们之间的矛盾也得到了化解。

总之，作为企业的管理者，不能害怕冲突，因为怨气和冲突总是不可避免地存在，对待冲突既不能盲目遏制，也不能放任自流。处理冲突和怨气的总体策略，就是在积极倡导和激发有建设性的良性冲突的同时，尽量避免和消除有破坏性的恶性冲突。只有创造出这样一个和谐的环境，整个团队的工作才能正常运行，企业才能高效地运转。

【协助】打造协作型团队，实现每个人的最大效益

管理学大师彼得·德鲁克强调，企业成功的关键是“让员工众志成城，调动员工的积极性与潜能，为企业创造绩效。”企业有了佳绩，每个员工也会从企业的发展中获得更多的收入和个人的提升。

蚂蚁，它们虽弱小，却靠着“团结一致，凝心聚力”而所向披靡，它们一旦遭遇自然灾害和外敌时，成千上万的蚂蚁就会自动拖成一个“巨球”，以此来躲避灾害、对抗外力，从而求得生存。它们身上散发出来的那种超常的“团队精神”给了管理者深深的启发，管理学上称之为“蚁球法则”。

在专业分工越来越细、市场竞争越来越激烈的前提下，单打独斗的时代已经过去，合作变得越来越重要。有人说，企业竞争的实质是人才的竞争，实际上，更是团队的竞争。但是并不是所有的团队合作都能产生 1 + 1 > 2 的效果，只有有效合作才能使得团队的整体力量大于各个团队成员力量之和。所以，在现代企业团队建设中，打造一支“协作型团队”无疑是企业实现目标最有力的保障。

美国的迈克斯那公司是一个较小的工业公司。公司在创建初期只有迈克和他的妻子，由于策略灵活，再加上夫妻俩的共同努力，使得公司的业务很快就上了正轨。随着公司一步步壮大，迈克又招聘了两个人，一个帮他打理业务，另一个管理办公事宜。两年来相安无事，公司的业务也蒸蒸日上。

随着业务的发展，公司扩大了，他们买了一栋楼，正式设立了许多部门，招聘的精英也越来越多。但是，迈克却再也感觉不到以前的快乐了。以前只需一个星期就能完成的工作，现在却经常需要花上半个月的时间；以前大家互相帮助，现在却钩心斗角……在他的团队里，员工们总会认为其他人没为公司付出，认为其他人偷懒，就减少了自己的努力，而迈克却对此视而不见。最后，团队的问题日益严重，销售与客服部门之间难以协调，居然出现了客户调换产品需要等三个月的事情。企业的利润当然也就大幅度滑坡。

迈克斯那公司的事例说明，简单地把优秀人才拼凑在一起，并不能组成优秀的团队。正如松下幸之助所说：“一加一等于二，这是人尽皆知的算术问题，可是在用人上，结果就可能不同了。如果用得好，一加一加可能等于三、等于四，甚至等于五；如果用得不当，一加一加就可能等于零，更可能是个负数。”

因此，优秀的企业管理者首先要营造一种支持性的人力资源环境。创建一支高绩效的团队，包括：倡导成员多为集体考虑，留下足够多的时间供大家交流，对成员取得成绩的能力表示信心。这些支持性的做法帮助组织向团队合作迈出了必要的一步，因为这些步骤促进了企业内更深一步的协调，员工信任和彼此之间的欣赏。

其次，让每一位成员都明白自己的角色、责任和任务，大家在分工共事之际，非常容易建立彼此间的期待和依赖。大家觉得唇齿相依，生死与共，认为团队的成败荣辱，每个“我”都起着非常重要的作用。

同时设定具有挑战性的团队目标，并鼓励每一位成员的团队协作精神。当员工意识到只有所有成员全力以赴才能实现这个目标时，这种目标就会集中员工的注意力，一些内部的小矛盾也就往往消弭于无形了。这样，就能形成更加紧密团结的团队。

最后，鼓励成员主动为团队目标献计献策。当员工参与到公司的决策，散发出挡不住的参与热情时，有效的激励又能使原本平凡的集合变成最优秀的团队。

【凝聚】凝聚力是团队的保障，创新力是团队的希望

“一根筷子一折就断，一把筷子折不断”，能用众力者无敌于天下，这是企业发展的最良好的状态。对于企业而言，团队的建设决定了企业凝聚力和创新力的大小，也决定了企业自身核心竞争力的大小。一个成熟的团队是企业健康快速发展的助推器，可以说，企业的持续发展正是由团队的凝聚力和持续性决定的，而团队的爆发力则在企业当前的发展中起着关键性的作用。

一群南飞的大雁，如果猎人把飞在最前头的一只雁打掉，后面的一只就会往前补上去，因为雁群需要一个队形才能使续航力增加，而续航力决定了飞行的距离。在物竞天择的环境之下，雁群为了飞得更远，就要考虑到合作问题。它们本身是一个团队，每只雁都是团队的成员，每一只雁的飞行推动了整个雁群飞行的方向和距离，只有保持队形（它们整个团队的合作）才能增加续航力，从而增加它们的生存能力（生存机会）。但是如果猎人把一群野牛中领头的野牛打掉，这群野牛则会乱成一团，好久之后它们才能重新整合出新的队形。

在整个团队建设中，把企业凝聚力比如成“花蕊”，团队性质定位、团队文化建设、团队人员构成、管理制度建设、团队责任分工、团队沟通能力、

后继学习，等等，都是“花瓣”，要想保护“花蕊”，需要“花瓣”的支持。

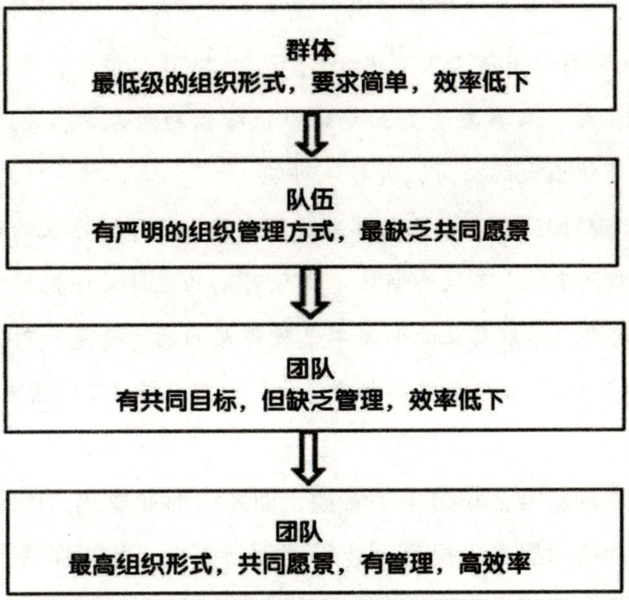

团队形成流程图

高效的企业是有共同愿景、有管理、高效率的团队。建设高效的团队，需要企业员工具备八大自觉力。如：分享个人愿景即想法、共同承担风险与成败、充满热情的沟通和学习、认知互相之间不可或缺的重要性、互相扶持、互相依赖、能够自律、知道感恩。

当企业形成了凝聚力，就会产生协同效应，即 $1+1>2$ 的效应，团队氛围也随之充满精神。团队精神的作用集中到提升企业创新力、竞争力和实现企业目标上来，这样的高昂士气和团队精神就可以有效提高企业的生产效率。

在企业管理的整体工作中，凝聚力是保障，而创新力才是前提。因此企业管理者要把企业的创新力摆在非常重要的位置。

2010 年 5 月 26 日，美国发生了一件大事。那一天，苹果公司以 2213.6 亿美元的市值，一举超越了微软公司，成为全球最具价值的科技公司。截至 7 月 30 日，苹果公司的市值又上涨了 5%，达到 2350 亿美元，和微软公司的市值差距进一步拉大。以苹果过去五年的市值增长趋势来看，苹果公司在一年之内成为全球市值最大的公司，并非不可能。

1997 年乔布斯回到亲手创立的苹果公司，重新塑造了苹果的设计文化，开始了苹果的创新之路。它不仅为新技术提供时尚的设计，还把新技术和卓越的商业模式结合起来。苹果真正的创新不是硬件层面的，而是开创了一个全新的商业模式——将硬件、软件和服务融为一体，为客户提供了前所未有的便利。

苹果公司用创新给公司带来了希望，而新的商业模式，团结了公司的员工竭尽所能地为公司服务。提升企业管理创新能力，才能保持企业在市场经济中的竞争优势，才能在市场份额中占有一席之地。

作为企业管理者，要不断强化创新意识，进而树立创新思想，形成统揽企业发展全局的博大胸襟与气度，具备促进企业发展的聪明才智与远见卓识；建立良好的机制，褒优惩劣，营造弘扬先进、鞭策后进、优胜劣汰、人人争先的竞争氛围；鼓励员工学习新知识，掌握新技术，企业管理者只有不断捕捉新信息，学习新知识，掌握新技术，才能引导企业员工的创新活力，才能使得企业创新力的发展与时俱进；最重要的是提升创新力不能故步自封，要持之以恒，推动企业可持续发展。

一个企业的成功不是一个人的成功，而是每个人共同努力的结果。所有的企业员工，在管理者的带领下，集合成一个团队，就形成了一个荣辱与共的整体。这样，企业在前进的道路上才会无坚不摧。

第九章
得人心者得天下——留人的本事

【尊重】是员工最根本的需要

相传佛祖释迦牟尼曾问弟子：“一滴水怎样才能不干涸？”弟子们冥思苦想：孤零零的一滴水，一阵风能把它吹干，一撮土能把它吸干，其寿命有几何？弟子们百思不得其解，释迦牟尼说：“把它放到江河海洋里去。”

我们往往赞美江河的奔腾、豪放，大海的辽阔、壮观，殊不知浩浩江河海洋也是由无数水滴汇积而成并日益壮大的。水滴既能在汇成的江河海洋中找到自己的位置，又能感受到江河海洋赋予的温暖和力量。二者之间是你给我温暖和力量，我给你奇迹和壮观，共生共荣、密不可分的依存关系。

企业与个人的关系也正如江河海洋与水滴的关系：对个人而言，企业是施展个人才华、实现个人价值的舞台，这个舞台越宽广，环境越宽松，个人的价值体现就越充分；如果失去这个大舞台，自我价值的实现便成为空谈。对企业而言，企业的发展源于每个员工的劳动和创造，员工实现自我价值的过程，就是企业蓬勃发展的过程，二者相辅相成、相互推动，共同发展，正如“大河涨水小河满”和“不积溪流无以成江河”一样，是一个问题的两个方面。

摩托罗拉将企业与员工的这种关系很好地进行了诠释，有文章称，“摩托罗拉公司的企业价值观是：尊重每一个员工作为个人的人格尊严，开诚布公，让每位员工直接参与对话，使他们有机会与公司同心同德，发挥出各自最大的潜能；让每位员工都有受培训和获得发展的机会，确保公司拥有最能干、最讲究工作效率的劳动力；尊重资深员工的劳动；以工资、福利、物质鼓励对员工的劳动做出相应的回报；以能力为依据；贯彻普遍公认的——向员工提供均等发展机会的政策。摩托罗拉的这种公司价值观为每一个员工创造了一种健康积极的文化氛围。”也许这就是成立于1928年的摩托罗拉公司经过几十年发展，屹立不倒的根本所在。

摩托罗拉公司这样阐述公司对人力资源的看法：“人才是摩托罗拉最宝贵的财富和胜利的源泉。”尊重个人，肯定个人尊严，构成了摩托罗拉企业文化的最主要内容。企业要使员工的尊重需要得到满足，使员工对自己充满信心，对工作满腔热情，体会到自己在组织中的用处和价值，才能够让员工心甘情愿地、愉快地为实现组织目标而不断地努力，才能为组织做出更大的贡献。人们对尊重的需要主要表现在人们希望得到周围同事的认可，尤其是领导者的重视、信任以及对较高职位的追求。

企业尊重员工首先要对员工的工作和能力表示认可。一个人的行为在发生后，得到的评价对今后的行为有强化作用：得到赞扬会重复增加这种行为；得到漠然会慢慢淡化这种行为；得到批评会放弃这种行为。这就是外界对个体行为的影响。认可表现为对员工的工作和能力表示重视和承认两个方面。

在工作上，可以交给员工重要的工作和表现的机会、在生活中给予员工细致的关心，对员工的疑惑给予积极的反馈；针对员工工作中的优秀表现，管理者要亲自并立即给予表扬和奖励，让员工充分感受到企业的重视。

其次，要对员工表示信任。信任可以作为一种重要的激励资源。信任激励是指企业内经营者与员工之间，员工相互之间，上、下级之间相互信任和由此产生出来的精神上的优势作用，这种精神力量不仅可以使人们结成一个坚强的战斗集体，而且能极大地激发个人的积极性和创造性。

企业用人，要“疑人不用，用人不疑”。企业管理者要多与员工交流，增进相互的信任；听到有对某员工不公正的非议时，要站出来为他辩护，表示对他的信任，也号召其他员工要信任同事；在公开的场合，将重要的工作任务慎重地交给员工，让受任者感到这是公司对他的极大信任；信任员工的工作能力，在工作上给他适当的发挥空间，并且尽量少干涉；当下属的工作失误时，给他一些安抚，更多地鼓励下属大胆干，不要有思想负担，相信他们的人格，相信他们的能力，将工作交给值得信赖的人。

最后，尊重员工个人的思想、感情和行为习惯。人是渴望得到别人尊重的，尊重的内容包括很多方面，比如尊重习惯、喜好、品质、情感、隐私、观点、经验、知识、能力、成果、行为，等等，归纳地说，就是要尊重别人的思想、感情和行为。在工作中，职位的不同只是工作的内容责任不同，人人是平等的，没有贵贱之分。所以，企业必须同等地尊重每一个人。尊重个人更多地表现一种企业精神，而不是某种制度政策，所以它是贯穿在企业的管理中的。

【感情】让员工心甘情愿留下来

现代企业招聘的人才，学历普遍较高，文化素养和思想道德相对较高，当这些人走上工作岗位，追求的不仅仅是物质待遇，更多的是为了精神上的尊严和实现自我价值。这时，企业要留人就不能只凭借待遇留人，而更要靠感情了。

在《日本工业的秘密》一书提到日本企业高经济效益的原因时指出，日本的企业仿佛就是一个大家庭，是一个娱乐场所。日本著名企业家岛川三曾自豪地说："我经营管理的最大本领就是把工作家庭化和娱乐化。"日本索尼公司董事长盛田昭夫也说："一个企业最主要的使命，是培养它同雇员之间的关系，在公司创造一种家庭式情感，即企业和所有员工同甘苦、共命运的情感。"

在企业中高薪和职位总是有限的，留人关键还是靠感情。高薪即使留下了部分的人，但也留不住他们的心。因此企业和员工的关系，不仅表现在对员工提供货币报酬，还需要让员工从组织中获得强烈的情感方面的温暖，员工对组织的归属感越强，跳槽动机越弱。由此可见，企业应注重感情留人。

广东某乡镇有一个三十多人的小玩具厂，外来打工人员居多。老板是个东北人，四十多岁，老板娘十分贤惠，出任老板的内务管家。他们对待员工十分直率且十分真诚，在工作上严格要求，生活上非常关心，无微不至，大到婚丧嫁娶，小到员工的生日，如果老板不在，老板娘肯定会出面组织。至于员工生病，老板娘会像母亲一样去关心他们。使这些外来打工者感觉到工厂就像家一样温暖，每个人都是兄弟姐妹。在这样一种亲情感染下，工厂的经营风生水起。

但是天有不测风云。一次偶然的失火，扑救不及，将玩具厂一夜之间化为灰烬。面对大火过后的废墟，老板、老板娘抱头痛哭，全厂员工哭成一团。这样的不幸事件之后，大家七嘴八舌，最后一致决定留下来帮老板重建工厂，有的人甚至拿出自己的积蓄来。老板夫妇感动得热泪盈眶，同时更加坚定信心，他们认为如果不做好工厂，便对不起这帮兄弟姐妹。经过半年的努力，一座新的工厂顺利完工，生产步入正常，销售也越来越好。

那么在感情留人上，企业管理者要通过努力使员工对企业产生认同感、成就感、新奇感、知遇感和归宿感，形成内在的持久凝聚力。

1. 认同感。

就是对企业文化产生认同，从而形成统一的意志和行为规范。更多地展示企业的发展方向，使员工全面了解和参与到企业的全程经营与发展中，从对企业的发展目标产生认同，树立主人翁意识和为企业建功立业的使命感。

2. 成就感。

在很多企业都认识到用人、育人、并以提供员工能力与成长来留住员工的今天，却往往忽略了另外一个现象，就是员工的能力成长与提升能促进员工的工作胜任度和自信力。因此，企业管理者要调动员工的工作热情，要逐步提高员工的地位，建立完善合理的、公平、公开、公正的企业晋升制度，让员工切实感受到在为实现自己所定的目标而工作。给人才不断学习提高和创造的机会，最大限度地发挥每个人的作用。

3. 新奇感。

人不但有求胜心理，同时还有求新心理。一个人如果长期固守在一个岗位或长期从事某种单调无味的工作，就会因缺乏压力和吸引力产生懈怠心理，丧失工作的进取心和创新激情。因此，企业管理者要不断赋予员工工作岗位的挑战性、工作计划的超前性、工作内容的乐趣性，刺激其心理需求使之乐其岗、展其能。同时对工作成绩突出和有创新成果者授予荣誉，进行重奖，并定期召开工作经验交流会等，共同分析国内外科技发展形式，探讨企业发展战略，使其树立大局意识、主角意识和创新意识，减少另觅新奇的念头。

4. 知遇感。

企业要用感情留人必须增加感情投资，用深厚的感情去净化人、感化人。正所谓“士为知己者死”，企业领导对员工的一句表扬，一句鼓励，一句安慰，有的胜过万金，让人才有遇到“知音”之感。企业管理必须坚持以人为本，不将人才视为创造财富的工具，而应当作技术创新的灵魂，共同发展的伙伴，密不可分的手足。

5. 归宿感。

日本很多企业获得成功的秘诀是奉行“亲如一家”的哲学。他们千方百计为企业员工营造一种亲如一家的归宿感和安全感。我们必须结合实际认真学习借鉴国外企业的成功经验。建立社会保障制度，为人才解除后顾之忧。

为人才建立最低生活保障制度，失业、养老、医疗等保险制度，帮助员工解决生活上的困难，以及开展有益的文化娱乐和体育活动等。让人才与企业贴得更紧。

记住，当忠诚与干劲逐渐被消磨，当热情与兴趣逐渐泯灭，留住人才，最终留住他们的是“心”。

【空间】给下属一个自由的空间

一个企业能吸引最聪明的人才来工作是成功的第一步，要想吸引最聪明的人来创新，就要先给人才创造一个非常开放、宽松的环境，实行管理上的“民主”，这就要求每一个管理者对员工的管理不是直接回复“是”或“不”，而是考虑如何帮助他发展，创造一个“百家争鸣”的氛围，使大家能够和敢于发表自己的看法，给各种创意一个去试验的机会。

谷歌作为当今最有影响力的高科技公司之一，它不断吸纳顶尖人才，远低于同业的员工流失率，创新而富有特色的企业文化等都是其发展壮大的法宝。

谷歌的员工从来不用在乎早上闹铃会不会准时响起，员工可以悠闲自得地去上班，如果你看见急匆匆赶往办公室的员工，那绝对不是担心迟到，也许是为了和同事会合去享受谷歌提供的免费大餐。谷歌提倡的弹性工作制不同于其他企业，谷歌充分相信员工，把工作时间的掌控权交由员工，由员工根据自己的喜好自由安排时间。

谷歌鼓励员工用20%的工作时间去做自己想做的事情，即使是和手头的工作完全不相干的项目也可以。很多谷歌推出的产品都是员工用20%的个人时间设计完成的，这些产品都非常成功。

给员工一个可以自由发挥的空间，这是一种内在激励，它激发了人们对于工作内容本身的乐趣，能极大地调动人们的积极性。就企业员工而言，专业化的分工固然可以提高效率，但它却使员工在工作中只了解其中一个部分，并且只拥有部分技能，从而使员工失去对整体业绩的可见性，工人看不到自己工作的成果，只是一个螺丝钉，不能自主决定干什么，怎么干，甚至创意类的工作也要被监督，慢慢失去了积极性、主动性和成就感。

刘勇负责的灵思数字营销中心，除他自己以外，其他全都可以称之为互联网产生后的员工——清一色的80后。“这支随着互联网长大的‘80后混合兵团’——他们来自中国不同的省份，含台湾省；毕业于不同的高校，含海外。”刘勇曾开玩笑说，“和我这个70后相比，如果用一句话来概括他们的话，80后以‘我’为主语的思维模式比较强烈，情绪丰富、个性化鲜明、思想独立、表现欲大胆、自信心满满、创新意识绵绵不断……所以要建立一个较为个性化的情绪管理方案，才能符合这个群体的情绪管理特点，也是他们愿意和喜欢接受的。而这个个性情绪管理的核心主语是‘我’，因为他们相信自己。所以，当管理核心放在取众之长，给每个人足够的舞台，让他们尽情地上演自我，不去控制，而是更多地引导或者添加润滑剂，使人人成为主人，那么这个团队做出什么样的好结果都会成为可能。”

伴随网络成长起来的这一代人，情绪是比较丰富和个性化的，还有一点以自我为中心。

虽然这些员工都很有创新意识，但是不能换位思考。导致员工之间有矛盾后，有些员工不能从负面情绪中走出来，而选择离开。

因此，如何才能真正做到给员工自由这一点呢？

1. 改变观念。

管理者应该改变以往的观念，以为员工只能被动接受安排，他们只是车子，需要管理者。要明确，员工才是工作内容的主人，才是工作任务的具体完成者。管理者与员工的关系，不是司机与车子的关系，而是老司机与新司机的关系。

2. 具备能力、自信。

管理者转变了观念，还要有让员工的工作多样化和自主性的能力，有不能失去对整个过程控制的自信。

3. 换位思考。

管理者对下属的空间要经常关注，当发现他们的情绪因为工作有波动的时候，及时沟通。可以在准许的情况下，发起一些好玩的调查，比如，在为一个案子焦头烂额的时候，通过调查投票的方式问大家：假如你遇到这样的客户要如何处理？这样可以防患于未然。

4. 丰富工作内容。

对员工而言，要保证任务的重要性，即保证这项工作对员工生活或其他人的工作有重要的实际影响。保证工作的自主性，即让员工在安排工作内容、确定工作程序方面，有较大的自主权。这样，增加员工的责任感，使员工体会到自己对结果承担的责任。要做到这一点，还需要使工作内容丰富。需要注意的是：增加员工的技能多样性，即促使员工掌握更多的技能；保证任务的完整性，即在一项工作中保证员工能完成一件完整的和可辨识的任务。只有这样，自主性才有基础，也才有推广的意义。

【弹性】让员工拥有弹性工作计划

在现代日趋激烈的市场竞争中，企业之间的竞争说到底还是人才的竞争，而员工福利作为报酬体系中的重要组成部分，已成为企业吸引和留住优秀人才、调动和激发员工工作积极性的一项重要管理措施。但是传统的员工福利制度已无法满足员工日益个性化的福利需求，在这个大背景下，弹性福利应运而生。

卡伦·欧曼是科特斯财务公司（Certes Financial Pros）创始人、董事会主席，她的座右铭之一是："我们工作是为了生活，但生活不是为了工作。"她认为公司应该让员工自己选择工作安排，有些员工非常看重工作稳定性，而有些员工非常看重工作弹性。公司财务办公室的斯科特·埃克斯，他的妻子是一名老师，儿子12岁，整个夏天都要参加一个全天训练的篮球训练营。夏天，埃克斯离开公司和他的家人共度时光。到了冬天，公司又会非常高兴地欢迎埃克斯回来上班，而且所有的待遇保持不变。实际上，科特斯公司的员工离开公司6个月以内再回来的话，福利待遇都不变。

公司不仅有优厚的福利、高于平均水平的工资，而且还有三次免费的家庭旅游。提供如此慷慨的福利，对一家临时组织来说虽不是什么新鲜事，但这帮助欧曼吸引了大批忠实的员工。临时性组织员工平均离职率为400%，而欧曼公司的员工离职率只有25%。1994年，欧曼刚建立科特斯财务公司时，公司的年收入是10万美元；而到2001年，公司的年收入提高到了740万美元。2001年由于经济衰退，市场对劳动力需求疲软，对劳动密集型的服务公司来说尤其艰难，但欧曼依然成功地将公司收入提高了28%。公司保持快速发展的同时还营造了一种和谐、平衡的工作环境。欧曼因此被《职业妇女》杂志评选为最佳雇主。

现在，许多公司的员工数量随全球经济的变化而变化，员工越来越需要弹性工作计划来合理安排闲暇生活和工作。这些计划包括兼职、临时工等非传统的工作安排。因此，企业管理者可以在企业中实行一种新的、能够真正迎合员工需要的弹性福利计划。

1. 弹性福利计划的设计原则。

（1）战略导向原则。

基于战略的人力资源管理理念就是人力资源管理实践必须以企业发展战略为出发点，弹性福利设计也必须遵循战略导向的原则。福利设计如果不和企业战略相结合，福利就是一种成本；福利设计如果能很好地服务于企业战略和总体目标，福利就是一种投资，并且有可能成为一种竞争优势。

（2）市场竞争性原则。

企业在设计弹性福利计划时，必须考虑其主干的福利项目保障水平是否具有市场竞争性，不能因为单纯追求福利项目的多样化，而使主干的福利项目达不到应有的保障水平，从而降低了弹性福利计划的实际效用和对员工的吸引力。

（3）灵活性原则。

一是弹性福利在设计时必须考虑它在企业战略调整时有一定的调整空间；二是弹性福利项目可以在一定条件下相互转化，从而保证员工能在不同的职业阶段、年龄阶段，选择自己真正需要的福利项目，充分体现了弹性福利的优势。

2. 设计弹性福利计划时要考虑的因素。

（1）法律法规。

设立福利是为了合理避税，对于福利金提取使用，按照国家规定比例走税前列支，非税前列支福利项目则需要将其纳入员工个人收入中。

（2）利弊分析。

采用弹性福利制有一定的益处，但是也有一定的弊端，并不是每一个企业都能适用，应根据企业自身的特点灵活运用。因此，每个公司都应当认真检查其福利制度的激励作用，从正面和负面加以分析。

（3）员工的真正需求。

不同的企业、不同的岗位性质、不同的员工结构，员工需求也不尽相同，可以通过问卷调查或团体访谈的方式来了解员工的想法，以设计真正满足员工需求的弹性福利制度。

3. 弹性福利计划的制定步骤。

第一步，了解国家的相关法规。

第二步，充分理解企业的战略。不同的企业战略需要用不同的人力资源策略来支持。只有充分理解本企业的战略，才有可能设计出适合本企业需要的、恰当的福利制度。

第三步，制定相关约束协调机制，设置相关配套设施，同时加强与员工的信息沟通制度建设。

每个人都有自己的偏好，企业采用同一的福利形式再不能够满足大多数人的要求，而采用弹性福利制度能较好地解决这一问题，能够提高员工的工作满意度，真正做到“以人为本，和谐发展。”

【培训】让每个人拥有足够的能力应对问题

一块金子需要人去发掘、打磨，才能展现其光辉。麦当劳公司美国总裁，最初只是一位发报纸的工人，通过培训和他自身的努力，最终成为总裁。企业在面临全球化、高质量、高效率的工作挑战中，就得增长员工的才干，培养敬业、创新精神，寻求新的工作思路，从而提高企业效益，这时，对员工进行职业培训就显得尤为重要了。

拜耳医药保健是拜耳集团的子集团，总部位于德国勒沃库森，是一家在世界医药保健领域内居领先地位的创新型医药公司，在全球拥有超过五万多员工。为了推进新的业务模式，将销售网络铺至二三线城市，拜耳在中国还新招聘了不少销售人员。这样做的结果就是拜耳医药中国的员工数短短几年就激增了几千人。

拜耳医药中国制定了内部科学的学习培训路径图，确保新员工从进入拜耳开始就有一套全面提升的学习培训体系。在这套体系下，公司的销售人员不仅能够成为一名药学专家，获得医药代表的从业资格认证，还有机会成为公司内部选拔的内训师，这为企业打开中国市场准备了强有力的生力军。

拜耳公司的成功，与它成熟的员工培训系统有着莫大的关系。不过，如果企业没有系统科学的培训计划，培训不可能达不到预期的目标。

索尼公司是世界上民用及专业视听产品、通信产品和信息技术等领域的先进企业之一。

索尼公司的产品销售与服务之所以能覆盖中国几乎全部的大中城市和部分小城市，正是依靠了有力的培训方式，使众多中方职员迅速成长起来，担负起大部分地区负责人的要职，成为公司经营管理的中坚力量。索尼公司一再强调的是"走在前面"的培训模式。每位新上任的中方职员都会接受"角色转化"课程的专项培训，使新员工从一名"超级销售员"向"职业经理人"过渡。人事、财务、传媒公关、物流、法务甚至总务部门都会派出专业人员集中为他们作相关业务指导，使其全面提高作为一名"指挥员"所应具备的各项素质。

为了便于各地业务经验的交流，以及提高职员的综合业务水平，索尼公司为此建立了有效的流动机制，通过不同城市间员工的调动和不同业务间的轮换，好的工作经验被推广到其他城市，一批批精通多项业务的员工也随之成长起来。

与许多新业务的开展一样，远在新的分公司或办事处成立半年之前，公司的业务部门领导与人事部门已经开始了对外派人员的培训工作。通过岗位的调动或是临时性派往相关地区工作，使候选人得以有机会全面接触未来所要担负的业务以及责任。同时，人事部门制定出相应的培训计划使其能从理论上达到一定的业务水平和管理水平。这种"走在前面"的培训不仅对企业来说是必要的，对中方职员的个人发展也提供了很好的基础。

事实证明，没有系统健全的培训，就没有高素质的员工队伍，就没有先进的技术、就不能产生经济效益。当前乃至今后，企业间围绕市场、资源、技术、标准的竞争将日趋激烈，对高层次、高技能人才的需求也越来越强烈。只有坚持不懈地抓好员工培训，培养适应企业持续发展要求的人才队伍，形成人才竞争比较优势，才能使企业在未来的市场竞争中立于不败之地。在人力资源开发与管理中，对员工的培训往往被视为企业的福利。持续不断地培训不只是让员工得到了个人知识和能力的提高，还会使员工发自内心的感激企业为他们提供了使自己成长、发展和自我价值的实现。这样的结果鼓舞了士气、激发了潜能并有效调动其积极性和主动性。当员工有了自尊和自信心，他就会在工作中将“要我做”转化为“我要做”。而员工敬业精神的产生，会自然而然地增强企业的向心力和凝聚力。

【晋升】让员工看到希望

每个老板都希望他们的员工对公司尽心尽力，每个员工也都希望自己的价值被公司肯定。然而，如果两者都没有什么实际行动，这一切也就成了空谈。制定员工晋升制度，不仅是企业选拔优秀人才的途径和方式，同时也是优秀人才实现自身价值，获得发展机会的途径和方式。好的制度需要好的游戏规则的保证，如果破坏游戏规则，效果将大打折扣。

某集团公司目前有一副总裁的职位空缺，欲从集团公司的9个分厂厂长中选拔一人添补。其中一分厂的A厂长呼声最高。A厂长工作勤恳，几乎总是第一个上班最后一个离厂，细心过问厂内的大小事情，对待下属也总是和蔼可亲，并且这位技术出身的厂长还通过亲自带领实施技术改造而使企业效益一直保持在各分厂的中上水平。但经过集团领导的研究最终选定的是二分厂的B厂长。结果一公布，便有反对意见反馈上来。反对的理由大致有三方面：一是认为B厂长不务正业，不关心本职工作，而是热衷于“拉关系”；二是尽管二分厂的效益一直名列前茅，但这与B厂长的特殊背景有关，并非其本人的能力所致；三是二分厂的大部分工作是由B厂长委派下属完成的，效益是下属创造的，因此功劳不能记在B厂长身上。

德鲁克说："过分强调晋升，会使十有八九的管理人员感到失望，情绪低落，这也将导致一种错误的竞争精神。在这种精神下，一个人会以损害其他同事的利益为代价，想方设法地使自己出人头地。"

升职往往伴随着加薪，只要上去了，一切都有了，这是很多公司的典型写照。但企业里高层职位是有限的，100 个人竞争 5 个职位，失望的是 95 个人，成功的是 5 个人。确实，强调晋升，会打击大多数。

松下幸之助曾说："首先生产人才，其次才生产电器!"

有些人为了"成功"，不择手段，许多企业在员工晋升管理体系中还存在诸多问题。

一是因为很多企业尚未形成完善的晋升评价制度。部分企业尚未建立一套量化的、可操作的晋升评价体系，即使有较为完善的绩效考核制度，出于对员工思想政治等方面考核的要求，这种绩效评价结果也难以成为决定性的考核条件，而是加入了各种定性的晋升依据，这就给晋升结果带来了不可预测性。

二是企业尚未形成有效的监督体系，各种监督力量难以与企业决策层形成权力制衡，从而使得晋升监督流于形式。

三是晋升中不公平、不公正的问题难以解决，如不同性别、不同资历、不同专业背景的员工晋升机会不同，这些并非由于员工个人能力导致的差异会给晋升结果带来明显的影响。当然，还有部分企业疏忽了对晋升文化的营造，积极向上、公平公正的用人环境没有形成，企业内部各种"拉帮结派"、勾心斗角、"看领导脸色行事"、靠"裙带"关系上位现象屡禁不止。

那么企业如何改善员工晋升中出现的问题呢?

首先，要根据不同的岗位如专业技术型岗位、管理型岗位、工勤技能类岗位，设计出富于激励性的晋升制度，如技术型岗位除传统的职务晋升外，还可以设置高级技术人员、特聘技术人员等来进行激励，并有效解决晋升

“天花板”的问题。

其次，要建立全面、量化、可操作的晋升评价体系，其中评价指标体系既要包括员工历年工作业绩等量化指标，又要包括企业员工职业道德等定性的指标。而评价方法则可以在科学地对各指标赋予适当的权重的基础上，通过加权求和等方式获得，以公开的晋升制度激励员工努力工作。

再次，要保障晋升过程的公平，要遵循发布晋升职称、职务信息，职工个人报名，资格审查，公开竞聘，结果公示的基本程序，规范晋升流程，并成立专业的晋升决策组织，保障晋升的公平性。同时要避免管理者将个人喜好或者情感穿插于晋升工作中。

最后要加强监督，要建立晋升结果反馈制度，要完善人力资源管理，对于员工晋升后的表现，企业要组织考察，避免晋升后出现“彼得陷阱”。对于晋升失败的员工，企业要帮助其分析原因，找出差距，并给予有针对性的培训机会，使员工更快、更好地成长，并在未来获取更多的晋升机会。其次，企业要培育良好的晋升文化，帮助员工更新理念，正确对待晋升。